LE REFORMATEUR.

par M. Cliquot.

TOME PREMIER.

A AMSTERDAM,

Chez ARKSTÉE & MERKUS;

M DCC LVI.

AVIS

DU LIBRAIRE.

Réfumant que le Public pourroit défirer de connoître l'Auteur de cet ouvrage, je me fuis mis en état de l'en inftruire.

Il m'a été propofe par un Prêtre, légataire univerfel de l'Auteur, qui deux jours avant fa mort le chargea d'une lettre qu'il le pria de rendre lui-même à un Seigneur de très - grande confidération, à qui il avoit remis quelques jours auparavant une copie de fon Projet pour le préfenter au Roi ; mais ce Seigneur vient mal-heureusement de payer le tribut à la nature, ainsi ce légataire n'a pû s'acquiter de sa miffion.

. Par la lecture de l'ouvrage, dont il a trouvé la minute dans les papiers du Teftateur, ayant connu qu'il étoit important & très-avantageux à l'Etat en général, il a cru que le rendant public, il accompliroit l'intention de fon bienfaicteur, qu'il prouveroit fon zele au Roi, & qu'il fatisferoit au devoir de bon citoyen.

Voici mot à mot le détail circonftancié que ma donné ce Prêtre, de l'origine & des mœurs de fon ami, depuis

l'âge de vingt ans jufqu'à foi-
xante-fept qu'il a ceffé de vivre ; il n'a fait connoître les
perfonnes que par les lettres
initiales de leur nom, perfua-
dé qu'en agiffant avec moins
de circonfpection, ce feroit
manquer à la charité, d'ailleurs ceux qui ont eu intérêt à
la faillite de la perfonne défi-
gnée par V*** perceront bientôt le myftere.

Mr. D.R. auteur de l'ouvrage, étoit fils d'un riche Négo-
ciant d'une Ville maritime de
France, il avoit une fœur qui
avant qu'il fut né, époufa V***
Financier extrêmement enri-
chi par fes exactions. Lorfque
que Mr. D. R. cadet de fa fa-

mille, eut fait ses humanités &
son droit, quoiqu'il eut une
vocation décidée pour l'Etat
Ecclésiastique & l'étude des
Belles-Lettres, son pere qui
n'avoit plus que lui à pourvoir
ne lui trouvant point de dis-
position pour les voyages de
longs cours, (quoique par son
ordre) il eut fait une exacte
compilation historique du
Commerce maritime, des
établissemens des Colonnies,
des Réglemens & Ordonnan-
ces relatifs à ces objets : ce pere, dis-je, voulut qu'il prit le
parti de la Finance, pour cet
effet il l'envoya à Paris sous la
conduite de V*** son Gendre.

Le jeune homme arrivé

chez son beau-frere, ne fut
pas peu surpris de la magnificence de son Hôtel, de la ri-
chesse de ses meubles & de
ses équipages, de la multitude
de ses valets & de la somptuo-
sité de sa table, &c. Tout ce
faste n'éblouit point notre Pro-
vincial accoutumé au bien-
être, quoique modeste ; il
fut seulement surpris de la fi-
gure basse & hétéroclite de
son beau-frere, qui présentoit
au premier coup d'œil par son
maintien & ses propos, l'ob-
scurité de sa naissance : aussi
étoit-il fils d'un pauvre artisan
faiseur de poulies pour les navires.

Depuis vingt ans ce person-

nage étoit beau - frere de M^r.
D. R. mais celui-ci ne l'avoit
jamais vû , il sçavoit néanmoins que de Domestique
d'un Receveur Général de la
Province de * * * il étoit par-
venu par de petits emplois &
successivement par de plus
considérables à entrer dans les
Sous - Fermes , & qu'après
25 années il avoit enfin ac-
quis une charge pareille à celle
de son ancien maître.

Les premieres occupations
qu'il donna à M^r. D. R. furent
les études des ordonnances ,
des Arrêts, des Réglemens,
des Instituts des Aides & des
Domaines, l'interprétation des
Tarifs , &c. Six mois après il

lui fit donner la commiſſion
de *Rat - de - Cave* qui déplut
beaucoup au nouveau Candi-
dat ; cependant ſon exactitude
& ſon application à connoître
le grimoire de la Finance, lui
mériterent bientôt la confiance de ſon beau frere, qui, pour
lui en marquer ſa ſatisfaction,
l'admit dans ſon cabinet en
qualité de Secretaire.

C'eſt dans ce cabinet qu'il
lui dévoila les myſteres ſecrets
des Sous - Fermes, où il vouloit, lui diſoit-il, le placer au
renouvellement du bail général.

C'eſt enfin dans ce cabinet
où il lui apprit à tourner des
Procès-verbaux de ſaiſies ſou-

vent injuftes & remplis de
fuppofitions , à compofer des
préambules d'Arrêt du Con-
feil , pour en impofer aux
Commiffaires départis dans les
Provinces , furprendre les Intendans des Finances & tromper le Miniftre.

C'a été dans ces études que
Mr. D. R. a paffé 4 années en-
tieres fans pouvoir vaincre fon
dégoût pour un état qu'il con-
noiffoit dur, injufte, contraire à
la faine raifon , aux arts , à l'a-
griculture , à l'induftrie , au
commerce, à la tranquillité des
Sujets , à la Majefté du Souverain , & à la Religion.

Toujours occupé de faire
agr éer à fon pere la liberté de

reprendre ſes études pour ſe
conſacrer au ſervice divin, il
lui écrivoit fréquemment dans
cet eſprit ; mais il n'avoit pour
toutes réponſes que ces deux
phraſes : » Suivez l'exemple de
» votre beau-frere, profitez
» bien de ſes leçons, ou ne
» m'écrivez plus. » Mais le
Ciel leva cette difficulté au
grand étonnement de Mr. D. R.
les dépenſes exceſſives de V***
des entrepriſes inconſidérées
que ſon ambition & ſon avidité lui ſuggéroient, le mirent
dans le cas de diſparoître &
de faire banqueroute de pluſieurs millions.

Dans cette circonſtance Mr.
D. R. fut ſe renfermer au Sé-

minaire, & il n'en eſt ſortї qu'après avoir reçu les ordres de Prêtriſe, le bonnet de Docteur & après avoir beaucoup travaillé dans les Saints Miniſteres. Pour mettre un intervalle entre la vie & la mort ; âgé de ſoixante ans, il ſe retira dans une maiſon de campagne, où voulant employer ſon tems & les connoiſſances qu'il avoit acquiſes utilement pour le Roi, l'Etat & le peuple, il compoſa cet ouvrage, auquel il donna le titre ſommaire & caractériſtique de *Réforme générale des abus.*

Il avertit qu'il a eu plus d'attention à établir la vérité, qu'à l'élégance du ſtile.

PREFACE.

C'Est au plus grand & au plus juste de tous les Rois que l'Auteur de ce Projet le présente : Sa Majesté y verra le tableau fidele des désordres qui accablent un peuple qu'elle aime & dont elle est aimée, elle y trouvera aussi le moyen de remédier à ces désordres.

L'administration des Finances est entre les mains d'un Ministre intégre &

éclairé : il remplit fes devoirs avec une attention
infatiguable, il défire fin-
cérement de fatisfaire les
inclinations bienfaifantes
du Monarque en rendant
les Sujets heureux ; mais
il gémit de voir fon zele
refferré dans les bornes du
fyftême qu'il a trouvé établi.

Cet ancien fiftême con-
duira l'Etat à une déca-
dence certaine, fi l'on n'y
pourvoit & fi l'on ne ré-
prime l'avidité des gens
d'affaires qui, fous prétexte de procurer des fecours

au Prince, multiplient les impôts à l'infini & s'enrichiſſent en ruinant les contribuables : les gens d'affaires & les Moines ſont dans un corps politique, ce qu'eſt dans un corps humain un poiſon lent qui diſſout inſenſiblement les parties nobles & détruit enfin l'individu.

On ſera convaincu de la juſteſſe de cette comparaiſon ſi on jette les yeux 1°. Sur les nombreuſes poſſeſſions des gens de main-morte, ſur les milliers de citoyens que le

Monachisme contraint au célibat & à l'inaction, & sur les franchises qu'on reclame pour tous ces biens dont nos ancêtres se sont dépouillés en leur faveur.

2°. Sur ces hommes nouveaux qui eussent été ignorés sans leurs richesses & sans leur orgueil ; sur les trésors qu'ils ont accumulés, sur les terres considérables, les charges distinguées & les acquisitions de toutes especes qu'ils ont englouties, sur le luxe de leurs Hôtels,

La profusion de leurs ta-
bles & le faste de leur
fuite.

Les effets naturels &
néceffaires de ce qu'on
vient de dire ne font que
trop fenfibles, la meilleure
partie des biens du Royaume appartenant au Cler-
gé, & n'étant point fujette aux charges publiques.
Le peuple, obligé de les
fupporter feul, fe trouve
furchargé : l'Etat Mona-
cal renfermant un grand
nombre de célibataires &
d'hommes inutiles, les Sujets utiles font confidéra-

blement diminués, & ne fuffifent point aux différens befoins de la fociété: enfin les impôts & les vexations fervant plutôt à enrichir les Financiers & à ruiner les contribuables qu'à acquiter les charges de l'Etat, tout le Royaume fouffre fans que la bonté du Souverain puiffe l'empêcher.

De-là l'extinction de tant de familles diftinguées, la ruine de tant de Commerçans intelligens, la perte de tant de particuliers eftimables, la dévaſtation d'une partie des Campagnes, l'abandon de tant de terrein propre à être défriché, la déſertion de pluſieurs Villes, & cette foule prodigieuſe de mandians & de vagabons en faveur deſquels on ne peut obſerver les Déclarations du Roi, ſoit parcequ'il n'y a point aſſez d'Hôpitaux, ſoit parce que les revenus de ceux qui ſont établis ne ſont pas ſuffiſans. On trouve tous ces inconvéniens exprimés dans le Teſtament politique de M. Colbert *

---

* Voyez page 163, juſqu'à 165.

& dans l'Esprit des loix**
ces deux excellens ouvra-
ges après avoir prouvé que
la crise est intéressante,
ajoutent que la vraie ri-
chesse d'un Etat consiste
dans la culture des terres,
dans toutes les parties du
commerce, & dans l'aug-
mentation de la peupla-
de.

Le Projet qu'on an-
nonce est une méthode
simple & certaine pour ré-
parer tous ces désordres
& doubler, aussitôt après

** Voyez Chap. 19 & 20, pag.
257, & les suivantes.

fon établiſſement, les revenus du Roi ſans furchar-
ger les Sujets , en ôtant
au contraire cette multi-
tude d'impoſitions oné-
reuſes qui ſubſiſtent , &
en y ſubſtituant une for-
me de répartition propor-
tionnelle ſelon le rang
& les facultés effectives
de chaque particulier de
quelque condition qu'il
ſoit.

Cette répartition ſeroit
exempte des frais énor-
mes que la régie occa-
ſionne, elle ne donneroit
point lieu à des exactions

dont tout l'avantage eſt pour les Traitans & les Employés, qu'il convient de faire rentrer dans la ſociété, ainſi que l'autre eſpece d'hommes inutiles & à charge à l'Etat, afin que les uns & les autres s'occupent déſormais au Commerce, aux Arts, à la Culture des terres & à l'accroiſſement de la population. *

---

* La régie propoſée par le Projet, épargneroit à l'Etat les profits immenſes que font les Traitans & leurs Prépoſés. L'argent levé, paſſant par peu de mains, iroit directement au Prince, & reviendroit plus promp-

Cette méthode feroit aussi de facile exécution ; chaque partie en fera démontrée. Dans le grand nombre des Sujets qui composent la Monarchie, il n'y en aura pas un quatre - vingt - dixiéme qui n'en voye l'accomplissement avec une extrême satisfaction, & qui n'en tire un avantage réel en moins de dix ans, tout

---

prement au peuple, comme le fang dans un corps fain, qui circule également & anime l'individu fans faire de dépôts qui corrompent fucceffivement les parties nobles & détruifent enfin la machine. Voyez liv. 13 chap. 19, de l'Efprit des Loix.

rentreroit dans l'ordre, le Commerce fleuriroit, les Arts se perfectionneroient, l'Agriculture seroit en vigueur & par une suite nécessaire, la circulation de la Finance seroit vive & bien réglée, toutes les dettes de l'Etat seroient acquitées, les offices inutiles supprimés, & les priviléges onéreux abolis ; enfin Sa Majesté auroit un fond inépuisable dans l'industrie de ses Sujets qui s'enrichiroient bien-tôt par des voies aussi simples que légitimes.

L'Auteur

L'Auteur du Projet a vû la dixme Royale de M. de Vauban, il y a trouvé des éclaircissemens & des observations qui prouvent le génie élevé de ce grand homme ; mais après avoir mûrement réfléchi sur son système , on s'apperçoit qu'il n'est point univer-sel & qu'il y a encore plusieurs parties qui res-tent assujetties à l'*Arbi-traire* ; quoiqu'il soit faci-le de réduire la levée de toutes les impositions d'une maniere uniforme & à un point fixe , au

vingtiéme des biens fonds
& à une légere contribu-
tion également propor-
tionnelle.

L'Abbé de Saint Pierre
dans son Traité de la Taille tariffée, s'est beaucoup
plus écarté que M. de Vauban de la simplicité ; il
a bien plus conservé d'*arbitraire* qui nécessite des
opérations multipliées ,
trop remplies de détails :
la confiance que son zele
lui a acquise, a donné lieu
de tenter cette Taille tariffée dans plusieurs Provinces où elle n'a pas réus-

ſi, parce que le principe en eſt faux : elle exige des eſtimations entiérement *arbitraires* qui demandent trop de prépoſés pour y procéder. M. de Vauban en a fait preſſentir l'abus, il a auſſi remarqué le peu de confiance que ces prépoſés méritoient, parce que l'ignorance, la faveur & la corruption ſont inſéparables de la multitude.

Dans le ſyſtême préſent des Finances, les impoſitions ſont multipliées ſous différentes dénominations, un tiers se consume en frais de régie, les Gens d'affaires qui les provoquent, n'ayant que des idées proportionnées à leur avidité, sont ferti-les en nouveaux Projets ; s'ils sont adjudicataires d'une ferme, ils en aug-mentent le bénéfice à leur avantage par des subtili-tés & des vexations dont ils jouissent pendant le cours du bail, en vertu d'Arrêts du Conseil qu'ils surprennent sous différens prétextes de non valeur & sur de faux exposés :

ceux qui leur succédent, se chargent des Fermes moyennant une légere augmentation ; mais ils sçavent s'en indemnifer, en introduifant quelque nouveauté : c'eft ainfi que de baux en baux ils augmentent de très-peu le revenu du Roi , grof-fiffent confidérablement leurs richeffes & réduifent les Sujets à la derniere in-digence. *

Mais dans le Projet qu'on va propofer, c'eft

---

* Voyez le Chap. 12. liv. 20 de l'Efprit des Loix.

la nature seule qui sert de guide dans toutes les parties des estimations : en un mot il est plus universel que la dixme Royal de M. de Vauban, & n'est point exposé aux inconvéniens de la Taille tariffée de M. de Saint Pierre.

La nécessité d'une réforme dans l'administration des Finances, a déja été prouvée par les réflexions de M. de Vauban, & pour achever de s'en convaincre, Sa Majesté est suppliée de se faire représenter les piéces originales fur lefquelles on établit ce Projet auffi certain que peu fufcepti- ble d'erreurs.

Il eſt de principe que ce qui eſt le plus fimple approche le plus de la per- fection ; or rien n'eſt plus compliqué que la métho- de actuelle des Traitans, & des Gens d'affaires pour la perception des impôts ; donc cette méthode eſt entiérement éloignée de la perfection ; donc elle doit être réformée

On peut comparer le

syſtême actuel de la Finance à un vieil édifice conſtruit ſur un plan mal ordonné, auquel ſucceſſivement on a fait des augmentations ou des changemens, ſans obſerver l'œconomie, ſans avoir viſité le fondement trop ſurchargé & qui menace ruine ; il n'y a pas d'autre parti à prendre pour la ſureté publique que de l'abbatre de fond en comble & d'en réédifier un nouveau qui ſoit ſimple, mais commode & ſolide ; on

en trouvera le plan dans
le préſent Projet. *

---

* Les Tributs doivent être faciles
à percevoir, & ſi clairement établis,
qu'ils ne puiſſent être augmentés, ni
diminués par ceux qui les reçoivent:
une portion dans les fruits de la terre,
une taxe par tête, ou un tribut réglé
ſur le pied du cent peſant, ou meſuré,
ſont les plus ſimples & les plus égaux.
Voyez liv. 13. Chap. 10. de l'Eſprit
des Loix.

TABLE DES CHAPITRES
Contenus en ce Volume.

Sommaire des matieres.   page 1
PREMIERE PARTIE.
PROJET.   3
Chap. I. Du vingtiéme à lever en na-
     ture sur tous les fruits de la terre. 9
Premiere Section. Rapport des parties
     d'une lieue & de son produit.   14
Deuxiéme Section.   15
Troisiéme Section.   16
Chap. II. Sel.   17
Observation.   20
Chap. III. Tabac.   22
Observation.   24
Chap. IV Droits d'entrée & de sortie du
     Royaume. ibid. Observation.   25
Chap. V. Droits d'enté dans Paris. 26
Chap. VI. Revenus fixes, excepté quel-
     ques uns qui peuvent un peu varier 28
Chap. VII. Droits sur la Farine pour
     tenir lieu de Capitation générale. 30
Observation.   36
Chap. VIII. Droit de Controlle sur les
     actes & exploits, & droit d'insi-
     nuation réduits sur l'ancien pied,
     Controlle sur les ouvrages d'or &
     d'argent, & papier timbré.   40

Réflexions sur les Fermes des Domaines, & du Controlle des actes. 41

CHAP. IX. Récapitulation générale du revenu du Roi, suivant ce Projet. 46

CHAP. X. Comparaison des revenus de la France en 1683 & 1730, avec le produit que donneroit le présent Projet. 49

Démonstration. 61

Avantage de la suppression de ces vingt-quatre Fêtes pour les Laïcs. 63

Rapport des articles du produit des travaux des 24 fêtes supprimées. 70

Démonstrations qui prouvent que ces seize millions de personnes déchargées des Tailles, de la Capitation & autres impôts actuels, après avoir payé le droit de mouture & étant déchargées de la persécution des Traitans, seroient heureuses, bonifieroient & augmenteroient leurs héritages à l'avantage de l'état. 76

Première Proposition. ibid.

Deuxiéme Proposition. 79

Troisiéme Proposition. 81

CHAP. XI. Réflexions sur le testament politique de M. de Vauban, imprimé en 1707, concernant l'origine & les exactions des Traitans, & la nécessité de les supprimer. 84

SECONDE PARTIE.

CHAP. I. *Méthode pour percevoir le vingtiéme.* 153

Observation. 157

CHAP. II. *Etabliſſemens des Salines.* 159

Remarques. 172

Preuves que les Fauſſonniers ne trouveroient plus de bénéfice. 174

CHAP. III. *Fabrication & Diſtribution du Tabac.* 178

CHAP. IV. *Droits de ſortie & d'entrée dans les Ports & frontieres du Royaume.* 181

Observation conſidérable. 188

CHAP. V. *Droits d'entrée dans Paris.* 200

Obſervation ſur les taxations du Tréſorier Général, des Receveurs particuliers & des Controlleurs. 208

CHAP. VI. *Revenus fixes.* 212

CHAP. VII. *Droit de mouture & Poids-le-Roi.* 215

Observation. 227

CHAP. VIII. *Controlles & Papiers timbrés.* 229

CHAP. IX. *Lorraine.* 230

CHAP. X. *Suppreſſion des Offices inutiles.* 231

LE

LE

REFORMATEUR.

****

LIVRE PREMIER.

SOMMAIRE DES MATIERES.

CE premier Livre eſt diviſé en deux Parties. Dans la premie-
res on propoſera de lever deux
ſubſides qui doubleront les revenus du Roi, en ſupprimant
toutes les autres impoſitions,

Tome I.   A

ſous quelque dénomination qu'elles ſoient, & qui diminueront les frais de régie des deux tiers, en faiſant ceſſer les concuſſions des Traitans & des Gens d'affaires. Dans la deuxiéme Partie, on propoſera une méthode ſimple pour lever ces deux ſubſides ; elle exigera que les payemens ſoient faits de quartier en quartier, & que la comptabilité ſoit terminée à la fin de chaque année : on y fera auſſi ſentir la néceſſité de ſupprimer les offices & les priviléges relatifs au ſyſtême actuel de la finance & à ſa comptabilité embarraſſante.

PREMIERE PARTIE.

PROJET.

LE Roi peut s'assurer un revenu annuel de plus de trois cens vingt-cinq millions qui passeront directement en ses mains de celles des contribuables, à la seule déduction de quelques deniers pour livre, sans que Sa Majesté soit obligée d'employer des gens de maltôte.

Pour former ce revenu, 1°. il faut imposer le vingtieme sur tous les biens fonds du Royaume privilégiés ou non privilégiés ; on prouvera que le montant de chaque an-née fera de . . . 107,012,500

2°. Le Roi doit faire vendre le fel à fon profit, mais feulement fur le pied de quatre fols fix deniers la livre, pris dans les falines, poids de marc & non en mefure , le bénéfice annuel fera de 42,000,000

3°. Il convient de rendre le tabac marchand , en établif-fant des Manufactures Roya-les dans plufieurs Ports où on le diftribuera en corde à rai-fon de vingt-fix fols la livre, & où les Négocians iront l'acheter pour le vendre ſur le pied de trente - deux ſols la li-vre en corde ou en poudre : le profit que S. M. en tirera, montera à . .   12,800,000

4°. Il convient également de placer des Bureaux ſur les frontiéres, pour percevoir les droits d'entrée & de ſortie du Royaume, en les fixant à cinq pour cent, avec les deux ſols pour livre pour les frais de régie, il en reviendra net au Roi tous les ans   10,000,000

5°. Les droits d'entrée dans Paris, pris ſeulement ſur le vin, l'eau de vie, le cidre, la biere, l'huile, le foin, l'avoine. & le

A iij

bois à bâtir, produiront par
an au moins la som-
me de   16,000,000

6°. Les revenus fixes, tels
qu'ils feront détaillés, rap-
porteront encore
au Roi plus de . . .   24,000,000

7°. Il faut établir un droit
de cinquante fols fur chaque
que fac de farine de froment
pefant deux cens livres for-
tant du moulin, & de vingt-
cinq fols fur chaque fac de
feigle, & autres menus grains
pefant auffi deux cens livres ;
ce qui revient à trois deniers
moins un tiers par livres de
pain de froment, & à la moitié par livres de pain de fei-

gle : le produit annuel de ce droit de mouture
ira à plus de . . . 106,000,000

8°. Il est aussi extrêmement important de conserver le droit de controlle sur les Actes des Notaires, & sur les Exploits ainsi que celui d'insinuation, en les réduisant néanmoins sur l'ancien pied ; comme le produit alors sera absorbé par les frais de perception, on ne l'employera ici que pour Mémoire, cy .   Mémoire.

9°. Enfin à tous ces objets il faut encore joindre le revenu annuel de la Lorraine, dont on ne parlera point dans le présent projet, & qui ne

peut être porté à
moins de 10,000,000

Tous ces produits particuliers réunis ensemble, forment le revenu annuel promis au Roi par ce projet de plus de 327,812,500 livres ; & on va le justifier en traitant, suivant le même ordre de chaque subside, ou conservé ou nouvellement proposé.

CHAPITRE PREMIER.

Du Vingtiéme à lever en nature sur tous les fruits de la terre.

PREMIERE SECTION.

SUivant les Mémoires de M. le Maréchal de Vauban, la France à trente mille lieues quarrées de superficie ; chaque lieue quatre mille six cens quatre-vingt-huit arpens, cy . . .   *arpens* 4688

Surquoi il faut diminuer à cause des rivieres, ruisseaux, chemins, maisons,

A v

	arpens
D'autre part	4688.
bruyeres, landes, & mauvais terrein, la quantité de . . .	582
Reste en terre à cultiver.	4106. *

Sçavoir;

Six cens arpens en bois qui ne se coupent que tous les vingt ans, & dont on laisse deux cens arpens en haute futaye, reste quatre cens arpens, qui font vingt arpens de coupe par année ; chaque arpent donne au moins qua-

* Voyez les Mémoires sur la Dixme Royale, page 189.

torze cordes, sans compter les fagots, corde à charbon, bertolage & mauvais bois abandonnés pour payer les frais de l'exploitation ; ainsi l'on ne prendra le vingtiéme que sur deux cens quatre - vingt cordes que donneront les vingt arpens : ce vingtiéme fera quatorze cordes qui produiront sur le pied de cinq livres la cordes, soixante & dix livres, cy . . . . ₶ 70

Trois cens arpens de vignes à quatre muids l'arpent font douze cens muids, pour le vingtiéme, soixante muids à dix livres le muid (a) . . ₶ 600

____

(a) Dans les Provinces où au lieu

Cinq cens arpens de Prés à deux cens bottes de quinze livres par arpent, produiront cent mille bottes dont le vingtiéme qui eſt de cinq mille bottes à deux ſols chacune, monte à . . . . . ___ 500

Pour le regain ſur le pied du quart . . . . . ___ 125

Neuf cens deux arpens de terre enſemencés en froment, chaque arpent bien cultivé rend par année commune ſix ſeptiers, meſure de Paris ; on

de vin on recueille du cidre ou du poiré , comme en Bretagne & en Normandie , &c. on prendra également le vingtiéme ſur ces liqueurs qui valent au moins autant que le vin.

ne le met qu'à quatre septiers,
les neuf cens deux arpens rendront trois mille six cens huit
septiers, & pour le vingtiéme
cent quatre - vingt septiers, à
huit livres la somme ++
de 1440

Neuf cens deux arpens se-
més en seigle, orge, avoine,
féves, lin, chanvres & autres graines, produiront au
moins moitié du bled
cy 720

Neuf cens deux arpens qui
restent en jacheres ou
guérets 0

Rapport des parties d'une lieue
& de son produit.

600	Arpens de bois . .	70
300	Arpens de vignes .	600
500	Arpens de Prés . . . 500 }	
	Regains . . . . . 125 }	625
902	Arpens de froment	1440
902	Arpens de seigle .	720
902	Arpens en jache-	
	res ou guérets	0

| 4006 | | 2475 |

Une lieue quarrée de terre,
produit donc trois mille quatre cens cinquante-cinq livres
pour le vingtiéme.

Or des trente mille lieues quarrées que contient la France de

fuperficie, fans y comprendre la Lorraine, il faut en compter un quart éloigné des rivieres, & dont les tranfports font difficiles ; ce qui diminue le prix des denrées d'un tiers, fur le quart de la France, qui eft de fept mille cinq cens lieues ; ainfi il faut compter le produit du vingtiéme.

SÇAVOIR;

lieues	₶		₶
Sur 22500 à 3.4.5.5 chacune			7773.7500
	₶	f. d.	
Et fur 7500 à 2303. 6. 8,			1·2750000
30000	Total du produit		95 1250000

II. SECTION.

Maifons à Paris & dans toutes les Villes, les Bourgs &

les Villages du Royaume.

Toutes ces maisons, y compris celles appartenantes au Clergé, aux Religieux & Religieuses, à la réserve des Mendians, rendront pour le vingtiéme au moins la somme de 9000000

III. SECTION.

Les forges, les mines & minieres, les carrieres à pierre, à chaux, les marbrieres, les moulins à bled, à huile, à papier, les canardieres, les étangs, la pêche, les rivieres, les navires & autres vaisseaux marchands pour le commerce de la mer, les barques des Pê-

cheurs , les barques ou ba-
teaux qui tranſportent les
marchandiſes ſur les rivieres
rendront au moins la
ſomme de . . . . <u>3000000</u>

CHAPITRE II.

Sel.

EN ſuivant le ſyſtême de
de M. de Vauban *(a)*,
le Roi doit acheter & s'appro-
prier le fond de toutes les ſalines de ſon Royaume , ſoit

(*a*) Page 107 de ſes Mémoires ,
telle étoit l'intention d'Henri IV,
page 548 de ſon Hiſtoire , par l'Evêque de Rhodès.

de marine, soit de source, &
faire vendre le sel à son profit, mais seulement sur le pied de quatre sols six deniers la livre, pris dans les salines, poids de marc, & non en mesure *(a)*.

Toute la consommation de cette denrée se fera dans le Royaume uniformément, sans distinction des pays de franc-salé ou de ceux de gabelle.

On suppose qu'il y ait en France vingt milions de personnes, chacune d'elles consomme sept livres de sel par

____

(a) L'infidélité des Meûniers est rapportée par M. de Vauban, p. 105 & 178.

an ; ce qui fait chaque année
cent quarante mil-
lions de livres, cy . . . | 140000000

Pour la salaison
des bœufs, cochons,
fromage, &c. & pour
mêler avec la nour-
riture des bestiaux ;
ce qui empêcheroit
la mortalité fréquen-
te, par estimation . . | 70000000

Total de la con-
sommation 210000000

Lesquels deux cens dix millions, à quatre sols six deniers
la livre, dont on déduira six
deniers par chacune, pour les
frais de fabrication & régie,
il restera à Sa Majesté en pur

bénéfice quatre fols ; ce qui montera à la fomme de . . . . 42000000 ₶

OBSERVATION.

Pour conferver la partie du Commerce qui concerne la falaifon des morues, harangs & autres poiffons qui fe fait dans les Villes Maritimes, il faut continuer de vendre le fel au prix ordinaire à tous ceux qui font ces falaifons, pour empêcher qu'ils ne fe fervent de celui de Setubal en Portugal ou d'autres pays, en prenant à cet effet toutes les précautions convenables, afin que les habitans de nos Villes Maritimes ne faſſent uſage que de celui du Roi.

Il eſt certain que lorſque le ſel ſera à un prix modique, tous les habitans de la campagne en conſommeront beaucoup plus ; ils ſeront tous en état dès que les Tailles, les Gabelles & les Aides ſeront ſupprimées, de ſaler dans les plus petits ménages un ou deux cochons ; ils donneront du ſel à leurs beſtiaux & les préſerveront de maladie.

CHAPITRE III.

Tabac.

IL faut que le Roi fasse établir les Bureaux & les Manufactures du tabac dans plusieurs Ports de Mer de son obéissance, où il le fera distribuer en corde à raison de vingt-six sols la livre, poids de marc ; les Négocians iront l'acheter dans ces Bureaux pour le vendre par tout le Royaume sur le pied de deux sols l'once en carotte ou en poudre , ou trente-deux sols la livre, poids de marc.

La consommation en France est actuellement de douze millions de livres, cy 12000000

Non compris la Flandre, le Hainault, l'Artois, la Lorraine & l'Alsace, qui montent à 4000000

Total en livres de tabac (a) 16000000

Lesquels seize millions de livres de tabac à seize sols chacune, déduction faite pour le prix de la matiere & la régie, produiront au Roi la somme de . . 12800000

___

(a) Il se fait sur cette denrée une contrebande considérable qui n'auroit plus lieu.

OBSERVATION.

Cette confommation dou-
blera, lorfque l'once ne coûtera que deux fols, parce que
le petit peuple & les gens de
la campagne en uferont plus
généralement qu'ils ne font
aujourd'hui, ayant à peine le
néceffaire pour vivre.

CHAPITRE IV.

*Droits d'entrée & de fortie du
Royaume.*

POur percevoir ce droit
fur toutes les denrées &
marchandifes qui entreront ou
fortiront du Royaume, il fera
établi des Bureaux aux extré-
mités

mités des frontieres.

Les marchandises & den-
rées qui entrent en France,
ou qui en sortent par mer ou
par terre, montent à plus de
deux cens millions. On suppose qu'elles n'excedent pas
cette somme, à cinq pour cent
(& deux sols pour livres du
montant dudit droit pour les
frais de régie,) reviendra net
au profit du Roi, la
somme de . . . . . $\underline{}$ ₶ 10000000

OBSERVATION.

Les marchandises de Fa-
briques étrangeres, dont l'entrée est actuellement permise
en France, doivent payer de

plus forts droits, afin qu'elles ne faſſent point de tort aux Manufactures du Royaume.

CHAPITRE V.

Droits d'entrée dans Paris.

QUant à cette grande Ville où ſe raſſemblent tous les Seigneurs du Royaume, & un très-grand nombre d'Etrangers, qui y font beaucoup de dépenſes, il eſt juſte de faire payer imperceptiblement à tous les habitans qui en profitent, des Droits ſur le vin, l'eau de vie, le cidre, l'huile, le foin, l'avoine, le

bois à bâtir ou servant aux ouvrages seulement ; mais il est
essentiel de n'imposer aucun
droit sur la viande, le beurre,
les œufs, la volaille, le gibier,
le poisson, les légumes, les
fruits verds ou secs, le bois à
brûler, le charbon, non plus
que sur les marchandises qui
entrent ou qui sortent pour
passer debout, afin de rendre
le Commerce libre & favori-
ser les Manufactures du Royaume.

L'on compte qu'il y a dans
Paris & dans ses Fauxbourgs
un million de personnes, &
que les droits sur les objets cy-

deſſus expliqués, produiront
à Sa Majeſté, frais
de régie déduits . . . 16000000(*a*)

CHAPITRE VI.

*Revenus fixes, excepté quelques-
uns qui peuvent varier de
peu de choſe.*

LEs Domaines du Roi,
les francsfiefs & amortiſ-
ſemens, les amendes, épaves,

(*a*) L'on n'a porté cet article qu'à ſeize millions ; mais lorſque
le Roi ſera en état, par le produit
de ce projet, de rembourſer les charges créés ſur les Ports, & qu'il ré-
tablira les droits d'entrée ſur l'ancien
pied, il augmentera du double la
conſommation & pareillement l'éva-
luation cy-deſſus.

confifcations, les parties cafuelles à quoi il faut ajouter
le vingtiéme des rentes fur
l'Hôtel de Ville, fur les poftes,
& autres conftituées à la charge de Sa Majefté ; les pen-
fions , gages , gratifications
qu'Elle accorde : tous ces différens objets peuvent être
eftimés au moins

à 24000000

CHAPITRE VII.

Droits sur la Farine pour tenir lieu de Capitation générale.

COmme il est juste & que c'est une obligation indispensable aux sujets de telle condition qu'ils puissent être, de contribuer aux besoins de l'Etat, & qu'aucun ne peut raisonnablement s'en dispenser, il sera établi un droit sur la farine ; ce qui servira de capitation.

Ce droit se payera de la maniere que l'on va l'indiquer, à l'exemple de ce qui se pratique en Hollande.

Pour percevoir avec exactitude fur chaque fac de bled qui fera converti en farine, & en même tems empêcher que les Meûniers ne trompent le Public fur ce qu'ils lui rendent, il faut établir *des poids-le-Roi* à portée des moulins à eau & à vent, où chaque particulier, fans exceptions, privilégiés ou non privilégiés, Boulangers, Pâtiffiers, & Communautés Régulieres & Séculieres, (qui ne pourront avoir de moulin pour leur ufage,) feront tenus de faire pefer les grains qu'ils envoyeront, ou porteront aux moulins.

Ils payeront au poids-le-Roi

par chaque fac de deux cens livres de froment, cinquante fols, & pour celui de feigle, farazin & autres efpeces de grains, vingt-cinq fols, le méteil à proportion (a).

Les prépofés pefeurs recevront ce droit, ils délivreront aux Propriétaires ou à leurs Domeftiques un bulletin qui contiendra la date, le poids, la qualité du grain, le nom du moulin & la fomme reçue.

Les Propriétaires du grain pourront au retour du moulin, & fans rien payer, faire

______

(a) Les Religieux Mendians feuls feront exempts du droit, mais non de la formalité.

peser leur farine & obliger les
Meûniers de les porter au poids
le-Roi, pour connoître s'ils
leur ont rendu le poids de leur
matiere, déchet de mouture
de deux livres par sac déduit.

Les Munitionnaires des armées ne doivent point être
exempts de payer le droit de
poids-le Roi, parce qu'il en
résulteroit infailliblement, une
fraude de la part de leurs Commis qui sont chargés de faire
moudre les grains pour la subsistance des Troupes ; ils en
pourroient faire moudre pour
des particuliers & frauder le
droit qui seroit de quarante-
un sols huit deniers par sacs,

B v

attendu que le fac de muni-
tion qui eft ordinairement de
deux cens livres, poids de marc,
eft compofé de deux tiers
de froment & d'un tiers de
feigle ; ce qui augmenteroit
la ration de pain de deux deniers & huit dixieme de deniers, dont il conviendroit
d'augmenter le traité des Munitionnaires ; cette dépenfe ne
fera point à charge à Sa Majefté, puifqu'il en recevroit la
valeur du poids-le-Roi.

Chaque Meûnier payera le
droit de cinquante fols par fac
de deux cens livre, tant de fa
confommation perfonnelle ,
que de celle de fa famille, va-

lets & fervantes, fur le pied
de trois facs de deux cens livres, poids de marc, par tête.

Le produit de ce droit paf-
fera auffi des mains des fujets
en celles du Prince directement, à la feule déduction
des foibles taxations, fans le
miniftere des Traitans.

Les Etats Généraux d'Hol-
lande exigent pour le droit
de mouture un patard de
leur argent par livre de farine, faifant deux fols de France; ce qui fait pour trois facs
pefans enfemble fix cens livres, la fomme de foixante
livres pour ce droit; au lieu
que, fuivant ce projet, les trois
B vj

facs de grains froment cy-def-
fus, ne font employés que
pour fept livres dix fols feulement, & les feigles & autres
grains que pour trois livres
quinze fols.

OBSERVATION.

Les prépofés au poids-le-
Roi auront chacun un regiftre dans lequel feront impri-
més doubles les bulletins cy-
deffus mentionnés, placés a
côté l'un de l'autre ; ils infcri-
ront fur ces deux bulletins les
indications cy-devant expliquées : l'un reftera attaché au
regiftre, ils couperont &
délivreront l'autre au Pro-

priétaire du grain ; ce fera fur ce regiftre qu'ils rendront compte de leur recette , & qu'ils feront payés de leurs taxations, à raifon de deux fols par fac de deux cens livres: ce regiftre , fera fourni par l'Intendance à chaque prépofé *(a)*.

Le Meûnier ne pourra recevoir ni moudre aucun grain , fi le Propriétaire ou fon Agent ne lui repréfente le bulletin , à peine d'amende , laquelle fera du prix de la matiere qu'il auroit reçue & moulue en contravention.

On fuppofe vingt millions

_____

(a) Le modele eft à la fin de ce volume.

de perſonnes dans le Royaume, dont la moitié conſomme
du pain de froment, & l'autre
moitié du pain de ſeigle, d'orge, de ſarazin, &c.

Les dix millions qui man-
gent du pain de froment, conſommeront à trois ſacs de
deux cens livres chacun par
année trente millions de ſacs ;
ce qui fait pour le droit à
cinquante ſols cha-
que . . . .   ₶
            75000000

Les dix autres
millions qui ne man-
gent que du ſeigle
& autres grains in-
férieurs au fro-
ment, conſomment

D'autre part .   75000000

pareillement trente millions , qui , à vingt - cinq sols de droit , produiront .   37500000
                                  112500000

Sur quoi à diminuer pour les taxations des préposés au poids-le-Roi, sur le pied de deux sols par sacs   6000000

Reste net au profit du Roi   106000000

CHAPITRE VIII.

Droit de Controlle sur les actes & exploits, & droit d'insinuation réduits sur l'ancien pied, Controlle sur les ouvrages d'or & d'argent, & papier timbré.

CE droit sur le pied qu'il est porté aujourd'hui, est très-onéreux au Public, quoiqu'il soit essentiel à sa sûreté de faire controller & insinuer : il convient donc de le mettre sur le pied qu'il étoit dans son origine , ensorte qu'il suffise aux frais de régie, & que la forme d'inscrire les exploits &

les infinuations, foit plus clairement détaillée par un précis qui renfeigne dans tous les tems, la caufe & le motif du contract & de l'exploit ; cet article ne fera employé que pour . . . . Mémoire.

Réflexions fur les Fermes des Domaines du Roi, & du Controlle des Actes.

Cette Ferme eft féparée des Fermes générales : elle produit les deux tiers de plus que les Fermiers n'en rendent au Roi, & il s'y commet des exactions, des perfécutions intolérables qui fatiguent les fujets fans avantage pour Sa

Majesté : Elle ignore, ainsi que ses Ministres, combien il y a d'injustesrecherches contre des possesseurs de bonne foi, & encore par l'exaction sans borne du controlle des actes, sans compter le désavantage qu'il y a pour les familles & même le Commerce, de ne pouvoir plus conserver le secret.

Dans l'établissement du controlle & des insinuations des actes, il n'étoit question que de la sûreté publique & de constater la vérité des dates contre la surprise des particuliers, ou l'infidélité des gens de justice ; & la dépense de ce droit n'équivaloit que les frais de régie. Mais depuis quelques années, ce motif équitable est oublié, & le controlle n'est plus qu'un piége dans son principal objet, pour tirer des droits énormes qui ne rendent point les engagemens plus solides, qui ne font qu'augmenter la créance, sans rendre le titre meilleur & qui forcent le créancier à ajouter à sa perte par l'avance qu'il est obligé de faire de cet inutile controlle, en formant sa demande ; souvent pour le même acte l'on exige plusieurs droits.

L'on suppose que la Ferme

des Domaines & du Controlle
foit adjugée aux Fermiers à dix
millions ; elle en coûte aux
Public plus de trente , dont
une nombreuse troupe de
Fermiers , Sous-Fermiers &
Croupiers , gens oififs, profitent : dans chaque com-
pagnie qu'on fuppofe compofée de vingt particuliers , il n'y
en a qu'un ou deux qui travaillent, le furplus fe rendant
aux affemblées, comme paffe-
volant, pour exiger des droits
de préfence & leur part des
exactions que leurs Com-
mis font au Public ; par ce
moyen le Fermier qui a fait
unfond de trente mille livres,

retire par an au moins vingt mille livres de profit ; ce qui fait pendant les six années du bail cent vingt mille livres ; ainsi de dix millions que le Roi retire, ces petits particuliers profitent de vingt millions.

Il est un autre droit de controlle établi sur les ouvrages d'or & d'argent, qu'il faut laisser subsister pour constater les métaux qui font mis en œuvre, mais qu'il convient de réduire, enforte qu'il fourniffe aux frais de régie.

Il en est encore de même du papier & du parchemin timbré, qu'on emploie dans les actes publics & dans toutes les procédures ; cela diminue-ra d'autant les frais énormes des procès *(a)*.

CHAPITRE IX.

Récapitulation générale du revenu du Roi, suivant ce Projet.

Produit du vingtiéme des gros fruits de la ter-re, suivant le dé-tail 95,012,500

Produit du ving-

(a) Voyez chap. 9. liv. 12. de l'Esprit des Loix.

D'autre part . . . .　55,012,500

tiéme de toutes les maisons des Villes, Bourgs, Villages & Hameaux . . . .　9,000,000

Produit du ving-tiéme sur les for-ges, moulins à bled, à huile, usines & pêcheries . . . .　3,000,000

Produit du sel rendu marchand . .　42,000,000

Produit du ta-bac . . . .　12,800,000

Droits d'entrées & de sorties du Royaume . . . .　10,000,000

Droits d'entrées

171,812,500

4[*]

D'autre part	171,812,500
dans Paris . . .	16,000,000
Revenus fixes, excepté quelques-uns qui peuvent varier	24,000,000
Droits sur chaque sac de grains convertis en farine pour tenir lieu de Capitation générale	106,000,000
Controlle des actes, &c.	Mémoire.
A quoi joignant le produit par esti-	

317, 12,500

D'autre part   317,812,500

mation de la Lor-
raine   10,000,000

Total du vingtiéme & autres droits simplifiés, déduction faite des frais de régie   327,812,500

CHAPITRE X.

Comparaison des Revenus de la France en 1683 & 1730, avec le produit que donneroit le présent Projet.

IL est prouvé par les Mémoires de M. l'Abbé de Saint-Pierre, que les revenus du Roi montoient en mil sept cent trente,

à   183,000,000

D'autre part 183,000,000

L'augmentation, frais de régie dé- duits, seroit donc de 144,812,500

Somme pareille. . 327,812,500

Il est encore prouvé, suivant les Mémoires de M. l'Abbé de Saint - Pierre, qu'en 1683 les revenus du Roi étoient de cent vingt millions , l'argent étant alors à vingt-huit livres le marc , faisant quatre mil- lions deux cens quatre-vingt- cinq mille sept cens quatorze marcs.

En 1730 les revenus du Roi se montoient à cent quatre- vingt-trois millions, le marc valant quarante-neuf livres seize sols, ce qui fait trois millions six cens soixante & quatorze mille, six cens quatre-vingt-dix - huit marcs.

Il est aisé de démontrer que quoique le Roi avoit en 1730 en valeur numéraire soixante-trois millions de plus qu'en 1683, il étoit réellement moins riche en 1730, avec un plus grand numéraire qu'il ne l'étoit en 1683 avec un plus foible numéraire, puisqu'il recevoit en 1683, quatre millions deux cens quatre-vingt-cinq mille sept cens quatorze marcs d'argent, & qu'en 1730 il n'en recevoit que trois millions six cens soixante quatorze mille six cens quatre-vingt-dix-huit marcs ; ce qui fait six cens onze mille seize marcs d'argent, dont les revenus de Sa Majesté étoient de moins en 1730 qu'en 1683.

Mais suivant ce Projet, les revenus du Roi seroient de la somme de 327,812,500 livres, à quarante-neuf livres seize sols le marc d'argent ;

ce qui fait 6,582,580   *marcs*

En 1683, le Roi ne recevoit que 4,285,714

Sa Majesté recevroit réellement de plus qu'en 1683 2,296,866

Pareil 6,582,580

Les frais de régie coûte-
roient moins, les peuples seroient soulagés , ils ne seroient plus exposés à la tyrannie des Traitans , & on pourroit mettre en vigueur l'Arrêt
du Conseil que fit rendre M. de
Colbert après la dissolution de
la Chambre de Justice , qu'il
avoit fait ériger contre eux ,
lequel établissoit la peine de
mort contre ceux qui avance-
roient de l'argent sur de nouveaux impôts.

Par l'exécution de ce Projet, le Roi en peu d'années seroit en état d'avoir une Marine bien plus formidable , que

celle que Louis XIV avoit en 1681, qui étoit compofée de cent quatre-vingt-dix-huit vaiffeaux de guerre, de cent foixante-fix mille hommes d'enclaffés, de quatorze mille hommes de troupes réglées, dont onze mille pour fervir fur les vaiffeaux & trois mille fur trente galeres.

Les Colonies, le Commerce feroient puiffamment protégés, les Négocians François, à l'exemple de ceux d'Angle-terre & d'Hollande, deviendroient les pourvoyeurs des quatre parties du monde : la France, par l'étendue de fon territoire, la fertilité du sol & l'industrie de ses habitans, seroit le magazin général , & les revenus du Souverain doubleroient à proportion de l'opulence de ses Sujets.

Le Roi seroit aussi en état d'avoir autant de troupes que Louis XIV , qui a eu jusqu'à quatre cens trente-six mille hommes en armes sur terre ; & il ne seroit pas obligé de mettre aucun impôt sur ses Sujets, puisque par la récapitulation générale qui a été faite de toutes les dépenses sous le regne de Louis XIV, elles se montoient à dix-huit milliars ;

ce qui revient, année commune, à trois cens trente millions d'aujourd'hui , en compensant l'une par l'autre les augmentations & les diminutions des monnoies.

Suivant le plan que l'on vient de tracer , les revenus du Roi se trouveroient presque doublés , & la perception simple & aisée : il y auroit moins de charges onéreuses aux Sujets qui seroient délivrés de la tyrannie des Traitans , d'impositions arbitraires , & des exactions qui en sont les suites ; ils ne seroient plus la proie des Fermiers & des Commis des Gabelles, des Aides , de la

Douane : alors toutes les Manufactures, les Arts, les Mé-
tiers, l'Agriculture fleuriroient,
les Denrées & les Marchandises du crû du Royaume se
transporteroient de Province
en Province, de Ville en Ville, sans payer aucuns droits ; il
s'ensuivroit une consommation bien augmentée, un plus
grand produit, & le verse-
ment du surplus chez l'Etranger. Le laboureur, l'artisan, le
vigneron, le manouvrier ne
craindroient plus de se vêtir, de
faire des salaisons pour se bien
nourrir, entretenir, établir
leur famille, & augmenter leur
industrie & leur petit domai-

ne, n'ayant plus à craindre
que leur bien-être leur attirât
une augmentation de taille &
d'autres impofitions. Les terres
feroient mieux cultivées, &
celles qui font abandonnées
feroient mifes en valeur ; la
confommation devenant plus
confidérable, le vingtiéme pour
Sa Majefté augmenteroit à proportion. Les Seigneurs & tous les
Propriétaires de biens fonds
les loueroient plus avantageu-
fement , & en feroient mieux
payés. Le bétail fe multiplie-
roit infiniment : les fuifs, les
cuirs, le crin, la laine, le chanvre, le lin, la cire, le miel, le vin,
l'eau de vie, l'efprit de vin, le ci-

dre, l'huile, la biere, &c. excéde-
roient de beaucoup les besoins
de la Nation, & procureroient
des droits de sorties au Souverain : ses Sujets, ainsi que je
l'ai cy - devant observé , ce
qu'on ne peut trop répéter,
deviendroient plus nombreux ;
nul canton ne seroit sans culture ; le Royaume fourmille-
roit d'hommes laborieux, de
soldats, de matelots , l'excé-
dent peupleroit les colonies :
toutes ces choses sont les vé-
ritables richesses, les fondemens solides, la puissance formidable des Souverains qui
n'ont, comme Louis XV , que
la modération pour bornes.

C vj

Les laboureurs, les vignerons & généralement les petits artifans & gens de journées pourront d'abord être
étonnés d'un droit établi fur la
matiere qui fait leur principal
aliment ; mais auffi-tôt qu'ils
réfléchiront fur la fuppreffion
des tailles, du taillon, de l'uf-
tenfile, des Aides, de la Gabelle, ils en fentiront bientôt l'a-
vantage. D'ailleurs, s'il plaît
au Roi d'approuver la propo-
fition fuivante , Sa Majefté
leur procurera un bien réel qui
les indemnifera avec ufure ; ils
fentiront d'abord que cette
forme d'impofition eft la plus
fimple , & la plus proportion-

nelle qui ait jamais été établie.

Démonstration.

Des vingt millions de personnes qui peuplent le Royaume, on peut compter sur seize
millions, tant laboureurs, vignerons , gens de journée ,
fabriquans, qu'ouvriers , &c.

De ce nombre de seize millions il en faut souftraire quatre millions d'enfans ou de
vieillards qui ne peuvent gagner leur vie. Il refte donc
douze millions capables de
travailler.

L'on suppose six millions

d'hommes ou de garçons, & six millions de femmes ou de filles occupées, mais qui pourroient l'être utilement pour la Société pendant vingt-quatre jours de plus qu'ils ne le font.

Le Roi étant le maître dans son Royaume, peut faire supprimer, non pour le Clergé, mais pour les Marchands, Artisans de quelque profession ou Commerce que ce soit, dans les Villes, dans les Bourgs & Villages, vingt quatre Fêtes qui ne sont point d'institution Apostolique : le Pape régnant en a déja ôté plusieurs en Italie, ayant trouvé ces fêtes infiniment à charge au peuple (*a*).

Par cette fupreffion, les terres feront mieux cultivées ; les Manufactures & tous les Arts travailleront vingt jours de plus.

Avantage de la fuppreffion de ces vingt-quatre Fêtes pour les Laïques.

Des fix millions d'hommes ou de garçons qui travailleront pendant ces vingt-quatre jours, il en faut diftraire un

____

(*a*) Au IX. fiécle il n'y avoit de Fêtes que Pâques, la Pentecôte & Noël, fuivant l'Abrégé Chronologique de l'Hiftoire de France.

million trois cens cinquante
mille qui conduifent les charrues, dont on parlera bientôt,
refte quatre millions fix cens
cinquante mille hommes ou
garçons, qui travaillant chacun vingt-quatre jours de plus,
feront cent onze millions, fix
cens mille journées à raifon de
douze fols chacune, elles leur
produiront la fom-
me de . . . . . . # 66960000

Six millions de
femmes ou de fil-
les qui feront auf-
fi cent quarante-
quatre millions de
journées à fix fols, 43200000
Ainfi la fuppref-

D'autre part   43200000

$\left.\begin{array}{l} \text{fion de ces vingt-} \\ \text{quatre jours de fê-} \\ \text{tes procureroit à} \\ \text{ces dix millions} \\ \text{fix cens cinquante} \\ \text{mille hommes ou} \\ \text{femmes . . . .} \end{array}\right\}$ 110150000

Il y a dans le Royaume, fuivant les Mémoires de M. de
Vauban *(a)*, trente mille lieues
quarrées : dans chaque lieue,
qui contient quatre mille fix
cens quatre-vingt-huit arpens,
il y en a deux mille fept cens

(a) Pag. 18, 19 & 20.

en terres labourables qui pro-
duifent des grains.

La moitié du labourage fe
fait avec des chevaux, l'autre
moitié avec des bœufs.

Pour deux mille fept cens
arpens de terre par lieue, qui
fe labourent avec des chevaux,
il faut au moins dix-huit charrues ; ainfi les quinze mille
lieues exigent deux cens foi-
xante-dix mille charrues, &
par conféquent deux cens foixante & dix mille hommes
pour les conduire ; lefquels
travaillant vingt-quatre jours
de plus par année, feront fix
millions quatre cens quatre-
vingt mille journées, qui, à

cent fols par jour , leur produi-
ront la fomme de... | 32,400,000

OBSERVATION.

Une charrue at-
telée de trois che-
vaux, le fort em-
portant le foible ,
laboure par jour un
arpent & demi ;
lorfque les labou-
reurs travaillent
pour ceux qui n'ont
point de charrue ,
ils exigent cent fols
par arpent , ce qui
fait fept livres dix
fols par jour : on
n'emploie cepen-
dant la journée
qu'à cent fols.

D'autre part 32,400,000

Pour quinze mil-
le lieues quarrées
labourées par des
bœufs , qui ne
font que la moitié
du travail des che-
vaux , il faut le
double de charrue;
ce qui fait cinq
cens quarante mil-
le charrues ; pour
chaque charrue il
faut deux hommes,
ce qui fait un mil-
lion quatre - vingt
mille hommes.

Les cinq cens

D'autre part . . .   32,400,000

quarante mille charrues à vingt-quatre jours de travail de plus., font douze millions neuf cens soixante mille journées qui à cinquante sols par jour font la somme de . . .   32,400,000

Partant le produit du travail des charrues, pendant les vingt-quatre jours de fêtes supprimés, sera de . .   64,800,000

L'on ne comprend point dans ce produit les charrettes, chariots, tombereaux, haquets, &c. qui travaillent pour voiturer du vin, du bled, des pierres, de la terre, du fumier, du bois & autres choses qui peuvent faire un grand produit à ceux qui y sont occupés, & qui font partie des dix millions six cens cinquante mille personnes cy-devant employées.

Rapport des articles du produit des travaux pendant les vingt-quatre fetes supprimées.

Les quatre millions six cens cinquante mille hommes ou

garçons , gagne-
ront de plus qu'ils
ne font   66,960,000

Les six millions
de femmes & fil-
les   43,200,000

Les deux cens
soixante-dix mille
hommes avec les
deux cens soixante-
dix mille charrues
tirées par des che-
vaux   32,400,000

Le million qua-
tre - vingt mille
hommes avec les
cinq cens quaran-
te mille charrues,
tirées par des   142,560,000

D'autre part . . . . | 142,560,000

bœufs . . . . . | 32,400,000

Ainsi les douze millions d'hommes, de garçons, de femmes & de fil les gagneront pendant vingt-quatre jours . . . . . } 174,960,000

Il faut à présent comparer ce qu'il en coûtera à ces seize millions de gens de peine, pour le droit de conversion de grain en farine.

Seize millions de personnes sur le pied de trois sacs de grains de deux cens livres chacun, en consommeront quarante-huit millions.

SçA-

SÇAVOIR;

Vingt-quatre millions de facs en froment, à raifon de deux livres dix fols par fac, leur coûteront . . . . | ₶ 60,000,000

Vingt-quatre millions de facs de feigle, orge ou farafin à vingt-cinq fols . . . . . . | 30,000,000

Somme du droit de mouture . . . | 9,000,000

Le total des vingt-quatre journées pendant les fêtes fupprimées, monte à . . . . . . | 174,960,000

D'autre part	174,960,000
Celui du droit de mouture à . .	99,000,000
Restera chaque année un fonds de fortune répandue sur seize millions de personnes, toutes impositions déduites, de *(a)* . .	84,960,000

OBSERVATION.

La plus grande partie de

(a) Quand ce restant ne subliste-
roit qu'en partie, & même point du
tout, il est toujours démontré que la
suppression des vingt-quatre fêtes
seroit extrêmement avantageuse aux
artisans & manouvriers, conséquem-
ment à l'Etat général.

ces hommes ou garçons
rempliſſent les cabarets ou ta-
vernes pendant ces vingt-quatre fêtes ; ils y font une dépenſe chaque fois de quinze
ou vingt ſols qu'ils épargne-
roient s'ils étoient occupés ;
& ils outrent ſouvent la dé-
bauche à un tel excès , qu'ils
ne ſont pas en état de remplir
leurs devoirs le lendemain, ce
qu'il ſeroit aiſé de réprimer
par une Ordonnance qui en-
joindroit aux Juſticiers des
lieux de condamner ceux qui
y contreviendroient , & les
taverniers en une amende au
profit des pauvres de la Pa-
roiſſe.

D ij

DEMONSTRATIONS

Qui prouvent que ces seize millions de personnes déchargées des Tailles, de la Capitation, & autres impôts actuels, après avoir payé le droit de mouture, & étant déchargées de la persecution des Traitans, seroient heureuses, bonifieroient & augmenteroient leurs héritages à l'avantage de l'Etat.

PREMIERE PROPOSITION.

Un laboureur qui n'a qu'une charrue, pouvant faire travailler ses chevaux pendant les vingt-quatre fêtes qu'il conviendroit de supprimer gagneroit pendant ces vingt quatre jours, à raison de cent fols chacun la fomme de . . . . 120 *₶ ſ.*

Il paye aujourd'hui pour ſa Taille au moins . . . 20 *₶*

Pour ſa Capitation & autres droits . . . 12

Il conſomme pour lui, ſa femme & ſes quatre enfans, ſur le pied de ſept liv. de ſel par tête . 42

Pour ſalaiſon 24

66 *l.* à 11 *ſ.* 36 ₶

68 ₶

Total de ce qu'il manque à gagner, & de ce qu'il paye . . . . 188 ₶

Suivant le Projet, en sup-
poſant les vingt-quatre fêtes
abolies, ce laboureur payeroit,

Pour la mouture de dix-huit
ſacs de bled, à raiſon de trois
ſacs par tête :

SÇAVOIR;

```
                              ₶ ſ.
 9 de froment à 2 l. 10 ſ.  22 10 ⎫      ₶ ſ.
 9 de ſeigle à 1 l. 5 ſ. .  11  5 ⎬      50  5
 Pour 66 l. de ſel à 5 ſ.   16 10 ⎭    ─────
```

Il lui reſteroit . . . . <u>138 1</u>

Mais en attendant que ces
vingt-quatre fêtes ſoient ſupprimées, payant actuel-
lement . . . .   ₶ ſ.
                           68 6

Au lieu que ſuivant le
Projet, il ne payeroit

             ⁿ ſ.

D'autre part 68 6

que 50 5

Il ſeroit moins chargé,
& augmenteroit ſa for-
fortune de 18 1

II. PROPOSITION.

Un Ouvrier, Tiſſerand, ou autre bas Artiſan qui n'a que ſes bras pour gagner ſa vie, & dont la famille eſt compoſée de lui, de ſa femme & de quatre enfans, dont deux en bas âge, paye pour

ⁿ ſ.

ſa Taille 15

Pour ſa Capitation & autres droits 4 10

Pour quarante-   19 10

D'autre part . . .   4. 10

deux livres de sel de
pot & saliere.. 42 l. ⎱
Pour salaison.. 24 ⎰ 66 l. à 11   36 6

Total de ce qu'il
payc . . . .   ____________
                               55 16

Suivant le Réfor‑
mateur des abus, il
ne payeroit :

Sçavoir;

Pour la mouture
de dix‑huit sacs de
grains dont
                                 ₶ ſ.
9 sacs à 2 liv. 10 ſ. . 22 10 ⎱
9 sacs à 1 liv. 5 ſ. . 11 5 ⎰ 50 5
Pour 66 l. de sel à 5 ſ. 16 10 ⎰
    Il payeroit de moins ________
                              5 11

Mais ſi les vingt-quatre fêtes étoient ſupprimées, il tra-
vailleroit pendant ces vingt-
quatre jours à douze ſols chacun ; ce qui feroit la

ſomme de . . ⸭ ſ. 14 8

Son fils auſſi à

12 ſ. 14 8

Sa femme à ſix

ſols, 7 4

Sa fille auſſi à 6 ſ. 7 4

⸭ ſ.
43 4

Il lui reſteroit
donc pour augmen-
ter ſa fortune . . . 48 15

III. PROPOSITION.

Un Ouvrier, garçon occupé
dans les Manufactures, ou autre Journalier, comme Maçon,
Charpentier, Tailleur, Cor-

donnier, Maréchal, Serrurier, &c. travaillant pendant les vingt-quatre fêtes supprimées gagneroit fur le pied de vingt-fols par chacun des vingt-quatre jours la fomme de . . . . *tt f.* 24

Il influe dans les impofitions pour fept livres de fel, à onze *tt f.* fols 3 17

Il payé pour fa Capitation . . 1 10 } 5 7

Total de ce qu'il man que à gagner, & de ce qu'il paye . . . . . } 29 7

Il influeroit fuivant le Projet, pour la mouture de trois facs

ₜₜ ſ.

D'autre part . . . .   29 7.

de froment à deux
livres dix ſols cha-
cun 7 10

Et pour ſept li-
vres de ſel à cinq
ſols 1 15

9 5

Il lui reſteroit
donc 20 2

Sans compter ce qu'il épargneroit, en n'allant point au
cabaret ces vingt-quatre jours
de fêtes.

D vj

CHAPITRE XI.

Réflexions sur le testament po-
litique de M. de Vauban ;
imprimé en 1707, concernant
l'origine & les exactions des
Traitans, & la nécessité de les
supprimer.

LEs Princes les plus ri-
ches, & les peuples les
moins chargés, sont ceux
dont les impôts passent directement des mains des contribuables dans celles du Souverain ; où les impositions sont
les moins multipliées, & par
conséquent où il y a peu de

perfonnes employées au recouvrement.

En Angleterre, où le peu-
ple eft le moins fouple de toutes les Nations, il paye tranquillement le cinquieme de
fes revenus : l'affiette s'en fait
par les habitans de chaque Paroiffe. ... ... En Hollande,
la contribution eft d'un tiers
du revenu, & là comme en
Angleterre, on ne voit aucun
mendiant, quoique ces deux
Etats foient beaucoup moins
favorifés par la nature que n'eft
la France, trois fois plus étendue qu'eux . . . . . Les impofitions montent à plus de cent
millions par an de leur mon-

noie, ce qui revient à trois cens millions de France, somme que les François ont payée au Souverain, tant qu'ils ont été gouvernés par les mêmes principes que l'Angleterre & la Hollande . . . . . . quand le nombre d'impôts étoit réduit à trois objets & qu'ils passoient directement du peuple au tréfor Royal.

Il n'y avoit point alors de Traitans ni de terre en friche, ni de Village, de Bourgs & de Villes à demi-ruinées & dévastées. . . . . François I. est le dernier de nos Souverains, sous le régne duquel cette heureuse situation n'a reçu aucune atteinte . . . . Il avoit alors, en comparant la valeur de l'espece & le prix des choses abondantes à l'espece, & à la cherté qu'elles sont à présent, deux cens quarante millions de revenus net, & s'il avoit joui de ce qui a été réuni depuis à la Couronne, il auroit eu plus de trois cens millions. . . . . . Personne n'ignore que presque durant tout son regne qui fut de trente - deux ans, il eut autant à combattre de Puissance, conjurées à la ruine de son Royaume que ses successeurs en ont eu depuis : *Charles - Quint, Ferdinand Roi de Hongrie, l'Angleterre, le*

Pape, *les Venitiens & même les Suiſſes*; que malgré cela , il ne perdit pas un pouce de terrein , au contraire il augmenta ſon Domaine. . . . . Jamais Prince n'avoit été ſi magnifique , ſoit en meubles , ſoit en bâtimens. . . . . . Il établit les Belles - Lettres & l'Imprimerie ; il fit venir pluſieurs Sçavans Etrangers qu'il penſionna ; il envoya dans l'Afrique & dans l'Aſie acheter à grands frais des manuſcrits. . Deux ans avant ſa mort , il avoit équipé une flotte de deux cens voiles , avec laquelle il ravagea les côtes de l'Angleterre : malgré ces guerres

& toutes ces dépenses, à sa mort il laissa dans son trésor soixante millions, en comparant toujours l'espece & le prix des denrées à celles d'a-présent; aussi ne se servit-il pas de Maltôtiers & de Partisans.

Voici ce qu'il dit étant au lit de la mort, à Henri II, son successeur. *Saches, mon fils que je te laisse un beau Royaume, rempli des meilleurs peuples qui soient sur la terre; non-seulement ils ne m'ont jamais rien refusé, mais ils m'ont toujours prévenu : mais saches aussi, que je ne leur ai rien demandé que de juste, & que de ma connoissance je n'ai jamais fait violence à personne :*

ce ne sera point ni le grand nom-bre de troupes, ni les armées for-midables qui te feront craindre de tes ennemis, mais seulement l'amour que tes sujets auront pour toi. . . .

Henri II, du vivant de son pere, n'étant encore que Duc d'Orléans, avoit épousé Ca-therine de Medicis, pour la-quelle il avoit une grande com-plaisance ; cette Princesse qui aimoit la magnificence, la très-grande profusion, & qui dé-pensoit plus que ses revenus ordinaires, eut recours à des Etrangers . . . . . . Sa beauté, son esprit, sa fécondité la faisant singuliérement considérer par le Roi son Epoux, Il lui laissa un degré d'autorité, qui fit changer le système de François I. . . . . . Les Italiens qui étoient à sa Cour, lui offrirent d'avancer de l'argent sur de nouveaux impôts, comptant bien que le Prince n'auroit que la moindre partie, & qu'ils profiteroient de la principale, en la partageant avec la Reine. Voilà le germe qui a fait éclore en France cet impitoyable monstre connu sous le nom générique *de Finance*, qui comprend les Gens d'affaires, Traitans, Maltôtiers, les anoblissemens des Plébéiens à prix d'argent, en un mot, les vers rongeurs de l'Etat & le goufre qui a anéanti la vertu & le bonheur public.

Ce fut dans ce tems que cette Reine se trouvant en quelque maniere émancipée, donna pleine carriere à ses profusions, & par conséquent à de nouvelles impositions par le moyen des Italiens. . . . . . Les Etats Généraux se tinrent. Les Provinces avoient chargé leurs Députés de représenter *que les Traitans & Partisans étoient des voleurs publics qui ruinoient le Roi & les peuples.* . . . . . Tous conclurent unanimement *qu'il n'y avoit pas de voie meilleure & plus* certaine pour recouvrer l'argent diſſipé, que de reprendre le bien des Italiens & de leurs conſorts, & de les réduire à leur premier état de gueux, n'ayant rien vaillant, lorſqu'ils avoient été admis à la levée des nouvelles impoſitions par des voies obliques. Les gens ſenſés d'alors, & c'étoit le plus grand nombre, penſoient, comme penſent aujourd'hui ceux qui aiment véritablement le Monarque, la Juſtice & la Patrie.

Henry IV, qui monta ſur le Trône dans le tems de ſes déſordres, où les prodigalités de ſes trois prédéceſſeurs & de la Reine leur mere, avoient porté au comble les calamités & la confusion, ne trouva aucun fonds au Trésor Royal, l'Etat au contraire, très-considérablement endetté. Mais M. de Sully ayant inspiré à son Maître de faire passer les impositions directement des mains du peuple en celles du Prince, & ayant fait rendre gorge à quelques-uns de ces voleurs publics qui avoient régi dans la confusion ; encore que la France fût obligée de soutenir la guerre, il paya en dix années deux cens millions de dettes anciennes, & il déposa à la Bastille trente millions qui furent trou-

vés à la mort du Roi.... Marie de Medicis, mere de Louis
XIII, qui eut la Régence,
quoiqu'alors elle n'avoit aucune guerre à foutenir avec
les Etats voifins, eut bientôt
diffipé cette réferve...... Les
Italiens voulurent recommen-
cer leurs pratiques ; mais ils
trouverent de puiffantes op-
pofitions. ..... Les peuples
avoient fupporté fans murmu-
re le triplement des Tailles en
moins de trente années, parce que le produit de cette
impofition paffoit de leurs
mains en celle du Prince ; mais
ils en vouloient aux Traitans,
inventeurs de nouveaux impôts

qui ruinoient tout par leurs pro-
fits indiscrets, étant appuyés
des Ministres avec lesquels ils
partageoient. Ce font les propres termes de la harangue
que M. Amelot, premier Pré-
fident de la Cour des Aides, fit
à la Reine, de concert avec
.les Compagnies. Il eft bon
d'en rapporter la fubftance. Il
dit donc *que les affaires extraor-*
dinaires & les Partifans n'a-
voient été inventés & mis en pra-
tique que pour ruiner le Roi, &
former des profits indifcrets aux
Miniftres, parce qu'ils ne pou-
voient rien prendre fur les tributs
réglés, fans qu'on s'en apperçût ;
qu'il ne falloit point employer
d'autres

d'autres moyens dans la néceſſité de l'Etat, que celui d'impoſer ſur le peuple, ſans entremiſe des Gens d'affaires, qui ſont conſ-tamment la cauſe de la ruine du Commerce & du Labourage.

Le Cardinal de Richelieu réprima le plus qu'il put ces abus, & doubla les revenus du Roi : après toutes ces grandes choſes qu'il fit pendant ſon miniſtere, il ne mourut pas riche en proportion de ſon pouvoir ; il priva même ſa famille de ſa ſuperbe demeure, aujourd'hui nommée le Palais Royal ; il la laiſſa à Sa Majeſté...... Le Cardinal Mazarin qui lui ſuccéda pendant la

minorité de Louis XIV, au-
torifa de plus en plus les Traitans, & s'enrichit lui-même
jufqu'au point qu'à fa mort,
outre les dépenfes immenfes
qu'il avoit faites pour établir
& doter fes niéces, il laiffa
fa fucceffion riche de plus de
vingt millions.

L'on vient de voir fous le
regne d'HenriII, fous les regnes
de Catherine & de Marie de
Medicis, & fous le miniftere du
Cardinal de Mazarin, l'origine
& les vexations des Traitans &
Maltôtiers, par la préférence
qu'on y avoit donnée aux affaires extraordinaires fur les impofitions fimples, réglées & en pe-

tit nombre , portées en entier
de la main des peuples en
celles du Roi , ou à son Trésor
Royal , comme cela s'étoit
toujours pratiqué depuis plus
de mille ans , jusqu'à la mort
de François I , & comme
cela se pratique dans tous les
Etats anciens & nouveaux de
toute la terre , sans multiplier
sous une infinité de noms &
de forme , les impositions dont
les deux tiers tournent au profit des Préposés & de leurs
Commis , qui en n'en sup-
posant que quatre - vingt mille , quoiqu'il y en ait réellement un quart de plus dans
les différentes especes d'admi-

E ij

niftrations, fur le pied feulement de fix cens livres, du
fort au foible, à chacun par an,
forme un objet réel & le plus
liquide de quarante-huit millions : fi à cette fomme l'on
ajoute les honoraires & le bénéfice des quarante Fermiers
Généraux, montant pour chacun par an à plus de deux
cens cinquante mille livres,
l'on trouvera encore une dépenfe de dix millions : enfin
les Sous - Fermiers, dont le
nombre eft très - grand, font
encore un objet, du moins de
deux tiers, c'eft-à-dire, de plus
de fix millions fix cens foixante - fix mille livres. Il faut

à preſent totaliſer les trois dépenſes , elles formeront par
année ſoixante - quatre millions, ſix cens ſoixante-ſix mille livres , & pendant les ſix
années du bail , la ſomme de
trois cens quatre - vingt - ſept
millions neuf cens quatre-
vingt-dix-neuf mille livres en
pure perte pour le Roi, pour
l'Etat, & ruineux pour ſes ſujets qui ſupportent non-ſeulement le prix des adjudications ; mais encore ces trois
cens quatre-vingt-ſept millions,
neuf cens quatre - vingt - dix-
neuf mille livres, & même le
double de cette derniere ſomme, par la façon arbitraire

& la rigoureuſe perception de
ces droits multipliés ſous les
plus légers prétextes, les ſaiſies injuſtes, les frais, les procès ; excès qui concourent du
même pas à énerver *le plus
beau Royaume rempli des meilleurs peuples*, ſelon l'expreſ-
ſion de François I, à Henry II ſon ſucceſſeur. . . . . .
Ces quatre - vingt mille hommes & leurs maîtres n'ont
d'autres occupations que de
ruiner l'agriculture, les arts,
les manufactures, le com-
merce, & tous ceux qui en
font les inſtrumens ; ce qui
entraîne néceſſairement la diminution des peuples, du bé-

tail, & qui affoiblit le Royaume dans toutes ſes parties eſſentielles : puiſqu'un Etat n'eſt riche, opulent, formidable, que par le grand nombre de ſes habitans, laboureurs, vignerons, ouvriers, artiſans, manufacturiers, commerçans, ſoldats, matelots, & non par une troupe nombreuſe de Traitans orgueilleux, voluptueux, durs, impitoyables, & qui, comme un levain putride dans la maſſe du ſang, corrompt le Corps politique, trouble l'harmonie de l'Etat le plus floriſſant, le mieux ſitué, le plus fertile & le réduit dans une langueur extrême.

E iv

Depuis le despotisme des Traitans, aucune denrée, nulle marchandise, nulle art, nulle sorte d'industrie ne sont exemptes de différents droits doubles & triples sur le même objet : nuls lieux, nuls passages ne se rencontrent sur une route dans le Royaume, qu'il ne faille donner des déclarations, & payer des tributs sous diverses dénominations ; ce qui diminue l'activité & la liberté du Commerce.

Lorsque l'on reproche aux Traitans cette multitude de droits, ils répondent *que c'est un secret heureusement trouvé, pour que le peuple ne s'apperçoi-*

ve point de ce qu'il paye. Comme si les hommes étoient affez imbécilles pour ne pas additionner & en former un tout.

L'ufage de ces hommes habiles eft de propofer pour les frais de leur adminiftration d'un nouvel impôt, *deux fols en dehors & deux fols en dedans* du montant de l'impofition ; ainfi fur vingt millions de nouvelle levée, ces deux fols en dehors & en dedans font d'abord un préciput aux Traitans de quatre millions ; mais leurs exactions augmentent encore d'autant la charge du peuple par les injuftices.

qu'eux & leurs Commis sçavent opérer, par les doubles & triples droits, par des procès-verbaux, des saisies, des procédures, & la léthargie qui résulte de ces vexations pour le Commerce, & le surhaussement insoutenable des denrées ou marchandises : car sur dix-huit millions que le Roi reçoit sur vingt, il lui en coûte deux, & à ses sujets huit ; ce qui fait moitié en pure perte : au lieu que si Sa Majesté recevoit directement cette imposition des contribuables , elle ne lui coûteroit que trois cent trente - trois mille trois cens trente - trois livres pour

les quatre deniers de taxations:
Elle recevroit dix - neuf millions six cens soixante-six mille livres ; & le peuple prenant
pour son compte ces taxations,
auroit moins de charge de *sept
millions six cens soixante-six mille livres*, qui sauveroit au Roi
une perte de *deux millions*, &
à l'Etat ou aux sujets, de *dix
millions* sur l'imposition de
vingt : ainsi Sa Majesté auroit
donc beaucoup plus d'avantage , ses peuples payeroient
moitié moins ; son Royaume
seroit plus florissant & les sujets plus nombreux. *L'on a vu
la Ferme des huiles adjugées à
neuf cens mille livres*, & *il a été*

prouvé que les Entrepreneurs en ont retiré trois millions quatre cens mille livres.

Le vin & l'eau-de-vie payent divers droits dans les lieux même où ils sont produits ; ils en payent encore d'autres dans chacun de ceux où ils sont transportés pour y être entreposés ou consommés, & chaque nouvelle vente est assujettie à un nouveau droit ; s'ils passent dans les pays Etrangers, ils payent encore davantage (*a*), au lieu d'en fa-

______

(*a*) Un muid de vin qui passe de France en Lorraine, paye onze à douze livres, aussi n'y en passe-t-il plus guéres.

ciliter la sortie pour changer le produit de notre crû contre de l'or ou des marchandises que l'on n'a point en France, & qui payeroient avec juste raison beaucoup d'entrée, comme nos vins payent dans ces pays. Mais les Traitans qui ne pensent qu'à leur profit, ne conçoivent pas les avantages de l'Etat ; ils n'ont en vûe que le leur & les moyens de les augmenter : semblables aux Fermiers judiciaires, ils ne distinguent point ce qu'il est intéressant de répandre chez nos voisins, d'avec ce qu'il convient de réserver, tel que la laine, le chanvre, le lin

le bétail, le cuir, les métaux,
les vieux linges, &c. pour conferver l'abondance, occuper
nos manufactures en draps,
ferges, toiles, tapifferies, papiers, mercerie &c. & pour
procurer du bénéfice aux Fabriquans, aux Commerçans,
le bien-être aux ouvriers, &
par conféquent faciliter le
payement des impofitions fim-
plifiées ; affurer par là, dans des
cas imprévus, des reffources
au Roi par une augmenta-
tion au marc la livre des impofitions, fans que cette augmentation foit fujette à l'alté-
ration d'autre moitié, comme
lorfque la perception s'en fait

par l'entremife des Gens d'affaires, fangfues altérées, qui,
quoique riches des monopoles,
ne fecourent jamais le Prince,
fans de gros intérêts & des frais
qui excedent le principal, pas
même dans le cas de la recher-
che de leurs exactions, d'autant qu'ils fçavent, par le crédit
des protections qu'ils achetent,
obtenir leur décharge.

Si les droits fur ce qui croît
& fe confomme dans le Royaume étoient fimplifiés, que
deux ou trois impofitions générales étant acquittées, les
denrées & marchandifes fuf-
fent libres, la confommation
quintupleroit : il n'y auroit

aucune terre en friche, aucune perſonne ſans travail,
aucun pauvre mendiant, aucun lieu dévaſté; il y auroit au
contraire une abondance de
toutes ſortes de bétail, con-
ſéquemment de la laine, des
cuires, du grain, du vin &c.
Les Manufactures, loin de ſe
détruire, augmenteroient; elles
employeroient tous les ouvriers des deux ſexes ; au lieu
qu'un très-grand nombre ſont
réduits à la mendicité, ou s'expatrient, ou périſſent miſéra-
blement : c'eſt ainſi que ſe diminue inſenſiblement la peu-
plade. Que l'on conſulte les
Evêques ou leursGrandsVicai-

res, ils sont instruits par le rapport des Curés de Villages, que l'extrémité où les impositions multipliées réduisent leurs Paroissiens, est cause que plusieurs ne se marient point ; leur misere est si grande, qu'ils se trouvent hors d'état de pouvoir élever & nourrir des enfans ; étant mariés, ils sont trop persécutés pour le paye-ment de la Taille & des au-tres impositions. Pendant le regne de François I, ils fai-soient consister leur bonheur à avoir beaucoup d'enfans, parce qu'ils les aidoient dans leurs travaux.

Comme les richesses de l'E-

tat confiſtent dans l'abondance des denrées ou marchandiſes procédantes de la terre ,
ou de la main d'œuvre ; &
dans les échanges perpétuels
de ce que l'un a , & dont l'autre manque , du moment que
la facilité de cet échange eſt
gênée , & que les droits im-
poſés s'augmentent & ſe multiplient arbitrairement ; que
ſous les plus légers prétextes ,
ce commerce eſt troublé & re-
tardé , le pays le plus riche &
le plus peuplé devient ſtérile &
déſert..... Ce ſont les fruits
de la terre , & principalement
le grain, lesliqueurs & le bétail
qui donnent le mouvement

au commerce, de-là paſſent entre les mains des propriétaires
ou des Fermiers qui les diſtri-
buent aux ouvriers ou débitans,
leſquels donnent en contre-
échange leur travail, leur induſtrie , ou qui ſoldent en argent ,
toujours avec la condition néceſſaire & proportionnée, pour
que chacun y trouve de l'avantage;mais la Maltôte gêne la liberté néceſſaire aux progrès par
les retards , les formalités , les
viſites,les appréciations,les ſaiſies des effets, des voitures &
chevaux,enfin des pourſuites &
-des amendes qui enlevent le bénéfice modique ; bénéfice qui
n'eſt conſidérable que par la

vivacité, la liberté & la répétition...... Si je prends une maison à loyer, je sçais ce que je dois en rendre au propriétaire, je compte là-dessus; je préleve sur mon revenu le payement que je dois en faire de quartier en quartier; au moyen de quoi je jouis tranquillement, sans crainte que le propriétaire ou ses agens puissent déranger mon économie par un surhaussement arbitraire.

Le Roi étant le propriétaire de son Royaume, n'est-il pas plus simple, plus avantageux pour Sa Majesté & pour ses sujets, qu'il estime ce que chacun doit pour un arpent de vigne, de terre labourable, de prés, de bois, pour chaque château, maisons, chaumieres, étangs, moulins & usines, & qu'il exige un vingtiéme du produit de toutes ces choses appartenant aux Nobles, Privilégiés ou non Privilégiés, Laïques & Ecclésiastiques, Réguliers & Séliers, outre le droit de mouture levé sans l'entremise des Traitans, passant directement des mains des sujets au Trésor Royal. Ce projet exécuté, Sa Majesté auroit un revenu fixe de plus de trois cens millions.

L'administration des Aides

a condamné les deux tiers du peuple à ne boire que de l'eau, & les propriétaires des vignes à abandonner une partie des terreins convenables à produire d'excellens vins, & ces terres n'étant pas propres au labourage, restent en friche.

Le vin & l'eau-de-vie qui passoient avec profit des mains des propriétaires, locataires & fabriquans en celles des Marchands & autres acheteurs, faisoient un commerce considérable dans le Royaume; mais ces boissons ayant reçu, par l'établissement d'impôts infiniment multipliés, un surhaussement de plus de moitié de

leur valeur ; d'ailleurs toute
la liberté qu'exige le commerce étant détruite, les saisies,
les confiscations, les amendes ;
ayant rebuté le vendeur & l'a-
cheteur, la consommation actuelle est de deux tiers moins
de ce qu'elle étoit avant l'établissement & le raffinement de
la Maltôte, parce que les particuliers qui en faisoient le
plus grand débit, & le plus
grand usage, n'y peuvent plus
atteindre. Les Traitans voulant que le tiers leur produi-
se ce que la totalité n'a jamais
produit aux propriétaires mêmes, d'autant que ces droits
excedent la valeur intrinseque
de la marchandise, entr'autres,

l'invention nouvelle du trop
bû, les empêchemens du tranf-
port d'une maifon à une autre
du même lieu où fe fabrique
le vin, fous peine d'amende
& de faifie ; le droit de ce
qui s'envoie du vignoble dans
les Villes des environs ou dans
d'autres Provinces, avec cette
ridicule diftinction de celles
qui font de l'ancien Domaine
de la Couronne, d'avec celles
qui ont été réunies ; alors l'exaction redouble : enfin pour
comble d'ineptie & d'avidité,
nouveaux droits encore plus
forts fur nos vins & eaux-de-
vie qui paffent chez l'Etranger, quoiqu'en bonne Politique,

que, ils devroient fortir en pleine franchife, puifqu'il s'a-git d'échanger la féve de nos terroirs en or ou en marchan-difes qui peuvent nous man-quer, & qui devroient au con-traire mériter des récompen-fes aux Marchands qui font les envois, à l'exemple de l'Angleterre, qui dans les an-nées d'abondance en bled, en excite la fortie par des primes que l'Etat accorde aux Négotians.

Voici une démonftration frapante du préjudice que les Aides caufent au Roi & à l'E-tat fur le vin feulement.

Dans les années commu-

nes, le vin ne vaut en Anjou, dans l'Orléanois, en Champagne &c. que deux sols la pinte ; & il coûte en Normandie, en Picardie, Artois &c. vingt sols semblable mesure.........
Les frais d'exportation & le bénéfice du débitant ne monte pas à quatre sols, ainsi le muid de deux cens quatre - vingt pintes ne vaut tout au plus dans le pays de consommation que quatre - vingt - quatre livres, sans les droits de Maltôte ; mais avec ces droits, il revient aux peuples des Provinces consommantes à deux cens quatre-vingt livres ; donc les droits du Prince & les

exactions des Traitans étant
de cent quatre-vingt seize livres, surpaffent le prix de la
matiere & des frais d'environ
le double : de ces cens quatre-
vingt-seize livres, il n'en revient au Roi que soixante-huit
livres, ce qui ne fait par pinte
que quatre sols - $\frac{6}{7}$. ainsi les
Traitans emportent cent vingt-
huit livres, c'eft-à-dire, neuf
sols - $\frac{1}{7}$ par pinte.

L'on peut, sans crainte de
se tromper, établir les exactions des Traitans dans cette
proportion du fort au foible,
sur toutes les denrées & les
marchandifes soumifes aux
iniquités de la Maltôte : ain-

fi le Roi retire beaucoup
moins par la voie des Gens
d'affaires, en furchargeant fes
fujets, que s'il recevoit directement des mains des contribuables, qui chargés d'un tiers
de moins, payeroient fans être
furchargés au Tréfor Royal,
plus du double de ce que les
Traitans y portent de net.

Or Sa Majefté n'ayant de
richeffes que les terres & l'induftrie de fes fujets ; il s'enfuit
qu'ils ne peuvent contribuer
qu'à proportion de leurs travaux, de leur induftrie, &
du débit : plus il y a de peuples laborieux, tels que font
les François, plus l'agriculture

eſt exercée, plus il y a de ma-
nufacture , de circulation ,
d'échange, de commerce intérieur & extérieur ; plus enfin la Monarchie eſt riche ,
puiſſante & formidable : il eſt
donc de l'intérêt du Roi de
recevoir à l'exemple de François I. & de ſes prédéceſſeurs ,
des mains de ſes peuples mêmes les tributs ſimplifiés ,
ſans l'entremiſe des Gens
d'affaires qui ne ſont utiles
qu'à eux - mêmes , ſembla-
bles aux crocodiles & aux ti-
gres, toujours prêts à dévorer
ſans jamais faire aucun bien.

Les Miniſtres actuels ne
ſont pour rien dans ces vexa-

tions, qui tendent aux malheurs
du peuple & à la ruine de l'E-
tat, ils n'ont agi que sur la
confiance qu'ils ont eu dans l'é-
tablissement suivis par leurs pré-
décesseurs, sans ôser contredire
leur sistème, n'en ayant pas de
meilleur à proposer, le préjugé
d'ailleurs étant un cruel tyran,
qui aveugle souvent les hommes les plus sages ; ainsi ce qui
vient d'ètre dit contre les précédens Ministres, ne peut altérer
leur réputation, & la forme fera beaucoup d'honneur à ceux actuellement en place. En effet est-
il une action plus digne de l'im-
mortalité, que d'établir solide-
dement plus de revenu, & en

même tems moins de charge
sur ses sujets : car les souftrayant
à la tyranie de la Maltôte, leur
procurant plus de tranquillité ;
la jouissance libre de leurs
biens, rendant la vivacité à
l'agriculture, aux arts, aux
manufactures, aux commerce,
c'est élever la Nation dans le
plus haut dégré du bonheur, &
son Prince au faste de la puissance.

Quand à ces hommes sup-
primés, Maîtres & Commis,
ils rentreront dans la profession de leurs peres, ils peuple-
ront & enrichiront les Villes,
les Bourgs, les Villages qu'ils
ont ruinés. Eux & leurs en-

fans redeviendront négocians, manufacturiers, adjudicatai- res du vingtiéme, artifans, la- boureurs, foldats, matelots, ou iront s'établir & augmen- ter nos colonies.

Il y a une erreur populaire fur la valeur des bleds qui mérite une grande attention : les ouvriers & les artifans fe plaignent, lorfque le grain coûte plus de dix à douze li- vres le feptier, mefure de Pa- ris. Ces hommes incapables de penfer, ne conçoivent pas que pour que les Fermiers puif- fent payer leurs impofitions, leurs Maîtres, entretenir eux & leur famille ; & pareille-

ment pour que les Maîtres
foient en état de faire travailler les ouvriers, journaliers ;
répandre leur revenu dans la
Société, & donner de l'activité au commerce, il faut que
le feptier de bled mefure de
Paris, s'y vende quinze livres
& au-deffus, en n'excédant
jamais dix-huit livres, & dans
la Province il devroit toujours
fe vendre dix à treize livres.
En le fuppofant à feize livres
à Paris, la livre de pain ne
reviendroit qu'à un fol fix deniers : en y ajoutant le droit
de mouture de cinquante fols,
il reviendroit à un fols neuf
en la livre. Mais dansles Pro-

vinces en le suppofant à douze livres le feptier, comme prefque tous les bourgeois & gens de campagne font le pain chez eux, ils n'ont que la mouture & la cuiffon du pain à payer aux boulangers ou aux fours bannaux, ainfi le pain ne vaudroit qu'un fol la livre, & un fol trois deniers y compris le droit de mouture, le pain de feigle huit deniers, & le méteil dix deniers la livre : c'eft une balance que les Miniftres peuvent aifément faire tenir en équilibre . . . . Ils doivent auffi empêcher la Provence de tirer les bleds de Barbarie pour la fubfiftance de ce départe-

ment. Si les Provenceaux ache-
roient le grain un peu plus cher
des Provinces en deça de Py-
rennées, ils s'indemniseroient
au triple du sur-achapt, par
l'augmentation des huiles, du
thon, des figues & autres fruits
secs, que souvent ils ne peuvent vendre, & qui leur reste
en pure perte ; parce que les
pays voisins où le bled servi-
roit d'échange, est faute de
débit, à une si basse valeur
que les habitans sont hors d'é-
tat de payer les denrées en
argent, & par cette seule raison ils s'en passent : la traite
des bleds de Barbarie ne doit

être permise que dans le cas
de disette (a).

Il ne faut pas obmettre qu'il
seroit avantageux en France,
dans les années successives d'a-
bondance en grain, de n'en
point empêcher le transport
chez les Etrangers, & d'imi-
ter ce qui se pratique en Angleterre en pareil cas, non en
donnant des récompenses,
mais en accordant gratis dès
passeports sans les faire acheter
des protections.

(a) Voyez l'essai sur la police générale des grains, sur leurs prix &
sur les effets de l'agriculture, à Berlin 1755.

L'augmentation du prix des denrées jusques à son taux raisonnable, fait celui des terres, des maisons, & il influe sur toutes les parties du commerce & la main d'œuvre. La valeur du bled donne le ton & le mouvement à tout le reste, même à l'or & à l'argent, pourvu que cette valeur comme on vient de l'observer, soit maintenue à quinze livres.

Les impositions ou les tributs se levent dans tous les Etats de la terre, sans l'entremise des Traitans, & le Souverain les reçoit directement des mains de ses sujets : il n'y a point d'entreprife qui forme des profits injuftes à des Protecteurs, qui fans être Traitans, ont intérêt de foutenir leurs protégés, de parler comme eux, & d'employer en leur faveur tout leur crédit...... Il n'y a donc que le Souverain & le Miniftre de la Finance actuellement en place, dont le défintéreffement & l'intégrité font connues, qui puiffent fur cet expofé juger fans partialité; s'il n'eft pas très intéreffant pour Sa Majefté d'arrêter le torrent des Traitans, Fermiers, & Gens d'affaires, qui ébranlent les fondemens de la Monarchie, plus que n'ont jamais fait toutes les Puiſſances liguées pour l'entamer, mais ſans aucun ſuccès ; au lieu que les financiers l'exténuent inſenſible-ment, détruiſent l'agriculture, le commerce, les arts, les manufactures, les hommes & dévaſtent les Villes & la Campagne. On jugera dans l'obſervation ſuivante, par l'état opulent de ces affranchis, combien il à fallu qu'ils ruinent & faſſent périr de ſujets utiles, pour de leurs dépouilles avoir formé les immenſes fortunes, dont ils jouiſſent.

Il conviendroit à l'harmonie de l'adminiſtration de l'Etat,

qu'il y eut un Intendant Général de l'abondance, repréſentant le Préfet des Romains, qui fut en correſpondance directe ſous l'autorité du Controlleur Général avec les Commiſſaires départis dans les Provinces, & dont les fonction conſiſtaſſent à la formations d'états détaillés de chaque Province, contenant la quantité des gros grains qui ſe recueillent chaque année, & que dans une carte générale, le Roi & le Controlleur Général puiſſent connoître au premier coup d'œil, non-ſeulement le prix, comme cela ſe fait actuellement ; mais encore la quantité produite par chaque récolte, afin de voir l'abondance ou la difette du Royaume en général, & de chaque Province & canton en particulier, & que fur le rapport de l'Intendant Général, le Miniftre puiffe donner fes ordres pour verfer dans celles où il y auroit difette, l'excédant de l'abondance des autres.

L'on a vû plufieurs fois la Picardie, le Soiffonnois, l'Artois, la Flandre, &c. dans une fi grande profufion de grains, qu'il ne valoit que fix à fept livres la mefure de deux cens livres, tandis qu'au-delà

de la Loir , dans le Bourde-
lois & le Languedoc , il coû-
toit vingt à vingt-deux livres ,
ce qui produisoit un malheur
semblable , quoique pour des
causes très opposées : les peuples où il y avoit une trop grande quantité de bled , n'en
trouvant pas le débit , man-
quoient d'argent pour leurs
besoins, ils ne pouvoient payer
leurs impositions ni occuper
les ouvriers , & le commerce
des autres matieres étoit en
léthargie : ceux au-delà de la
Garonne , éprouvoient dans
le même tems, la même dis-
grace : les artisans, les manouvriers étoient sans occupa-

tion & sans subsistance. C'est
en réfléchissant sur ces deux
cas, que l'on s'apperçoit qu'il
est intéressant pour le Roi
& l'Etat de les prévenir ; &
cet Intendant que l'on propo-
se, est très nécessaire à plusieurs
égards. 1°. Pour maintenir l'é-
quilibre nécessaire aux prix
des bleds ; 2° pour prévenir &
soulager les Provinces en disette, par celles qui ont de
trop ; 3° pour dans les cas
d'abondances consécutives ,
donner par le Controlleur Général en connoissance de cause, des permissions de vendre aux Etrangers & d'échanger nos grains en or , ou en

marchandifes dont on peut manquer dans le Royaume, telles que des laines d'Efpagnes, du coton, &c.

Il eft aifé de fe procurer les états particuliers de chaque Paroiffe, en obligeant les Décimateurs, Curés, Bénéficiers ou Laïques ayant droit de dixme, de tenir un regiftre de la quantité de ce qu'ils recevront chaque année en froment, feigle, orge & avoine; expliquant les taux du droit de perception qui eft partout égale, d'adreffer l'extrait certifié de ce regiftre au Subdélégué, dont le lieu de la récolte dépend; lequel les ayant réuni, & vérifié s'il n'en manque pas, les cottera & parafera, & les envoyera à l'Intendance de laquelle il reléve : toutes les Subdéléga-tions étant raffemblées, l'Intendant fera faire un état gé-néral qu'il addreffera à l'Intendant de l'abondance, au plus tard le dix du mois de Décembre.

Si cet établiffement eût exifté avant la mort de Louis XIV, on n'auroit pas vû en 1725 le bled monter à plus de quarante-cinq livres le feptier, par une affreufe monopole, d'autant que la matiere ne man-quoit pas dans le Royaume

qu'il y avoit plusieurs Provinces où il ne valoit que quinze à
seize livres, on n'auroit pas été
forcé après que cette monopole
fut cessée , de jetter dans les
rivieres plus de cent cinquante
mille septiers qui s'étoient gâ-
tés dans les entrepôts.

On a cy-devant dit que
la France contenoit trente mille lieues quarrée, que dans
chaque on y seme neuf cens
arpens en grains, froment ou
seigle, que chaque arpent produit au moins quatre septiers
mesure de Paris ; ce qui fait
trois mille six cens septiers
par lieues quarrées.

La France ayant trente

mille lieues quarrées, & chaque lieue quarrée produisant
trois mille six cens septiers;
les trente mille lieues quarrées
produisent cent huit millions
de septiers, desquels il en faut
prendre vingt-sept millions
pour semer, vingt-sept millions d'arpent de terre qui se
trouvent propres au labour,
dans les trente mille lieues
quarrées.

Ainsi la production des terres du Royaume

septiers

étant 108,000,000

Sur lesquels ils en
faut prendre pour
semer 27,000,000

L'Excédant est de 81,000,000

Il reſtera donc quatre-vingt-
un million de ſeptiers, meſure
de Paris ; chaque ſeptier peſant deux cens quarante livres poids de marcs , font
quatre-vingt-dix-ſept millions
deux cens mille ſacs, de deux
cens livres poids de marcs.

On compte en France vingt
millions de perſonnes, on donne à chaque perſonne du fort
au foible, trois ſacs de deux
cens livres par année , (quoique le Roi n'en donne que
deux pour la nourriture d'un
ſoldat.)

Sur ce pied, vingt millions
de perſonnes conſommeront
ſoixante millions de ſacs par
an ,

an ; les terres produifant quatre - vingt - dix - fept millions,
deux cens mille facs, (femen-
ce déduite) il en faut compter
foixante millions pour la
fubfiftance des vingt millions
de perfonnes , il en reftera
donc trente-fept millions deux
cens mille facs de deux cens
livres, au-delà de ce qu'il faut
pour la nourriture du peuple :
ainfi les terres en France étant
bien cultivées , la production
de cinq années fuffiroit pour
la fubfiftance du peuple du
Royaume pendant huit an-
nées.

En fuivant ce qu'on vient
de propofer, il feroit aifé de

sçavoir la production de chaque Généralité, si les terres y
sont bien cultivées, celles qui
restent en friche, si dans chaque Village il y a des mou-
tons ou brebis en quantité suf-
fisante de ce que le terrain en
peut nourrir ; d'où en vient
le défaut, & les moyens d'y
remédier, on ne seroit plus
dans la dure nécessité d'acheter des grains de l'Etranger :
il est prouvé par les extraits
des registres des Bureaux
de sortie d'Angleterre, que la
France a tiré de ce Royaume
pendant les années 1740,
1741, 1748, 1749, 1750, 1751,
1752 & 1753 six cens mil-

le quarter de froment , qui
à trente fchelins la quarter
mife à bord des vaiffeaux ,
déduction faite de la gratifi-
cation, a coûté neuf cens mille
livres fterlings à vingt-trois livres de France pour
la livre fterling . . .   20,700,000

 Les Anglois en
font les voituriers ,
il en coûte trente
fols de frais par quar-
ter , ainfi pour les
600000, il en coû-
te   900,000
Ce qui rend   21,600,000
 Voilà donc vingt-un million
fix cens mille livres de France,
qui font fortis du Royaume

pour l'Angleterre feulement ;
fans ce qui s'eft tiré de la
Flandre Autrichienne, de la
mer Baltique, de l'Italie &
du Levant, qu'on peut éva-
luer à pareille fomme.

Au contraire, tout ce qui
a été dit cy-devant, prouve
que fi la culture de nos terres
étoit bien animée & foutenue,
nous ferions tomber le commerce des Anglois ; pouvant
prefque en tout tems le donner à meilleur marché qu'eux,
mais il faudroit fupprimer les
droits de fortie fur les grains
pour en favorifer l'exportation : les plus beaux font cette
année 1756 en Flandre & en

Artois à dix livres le sac de deux cens livres poids de marc; ce qui fait douze livres le septier, mesure de Paris, il y en a même à huit livres le sac.

Le prix commun de la quarter de froment en Angleterre, depuis 1732, jusqu'en 1754, a été de une livre quinze sols huit deniers sterling, à vingt-deux liv. dix sols la liv. sterling, fait quarante livres deux sols six deniers argent de France, la quarter d'Angleterre pesant quatre-cens quatre-vingt à quatre-cens quatre-vingt-dix livres poids de marc; elle fait deux septiers mesure de Paris, qui peze

depuis deux cens quarante
livres jufques à deux cens cinquante livres auffi poid de marc,
ainfi le feptier de Paris revient
à vingt livres un fols trois deniers.

Le prix commun du fro-
ment en France pendant les
mêmes années, n'a été que de
feize livres cinq fols, le culti-
vateur Anglois à donc vendu
fon grain trois livres feize fols
trois deniers le feptier de Paris plus cher que le cultiva-
teur François. Le meilleur
marché que le froment ait été
en Angleterre depuis quatre-
vingt fix années, eft en 1743,
il ne valoit que une livre cinq

fols quatre deniers fterling ;
ce qui fait argent de France
vingt-huit livres deux fols fix
deniers, & quatorze livres un
fols trois deniers pour un fep-
tiers de Paris ; depuis trente années que le marc d'argent fin eft en France à cin-
quante-quatre livres fix fols :
il y a eu dix années de ces
trente que le froment n'a été
vendu que dix à onze livres
le feptier (a).

On voit par ce qui eft dit

____

(a) Voyez l'excellent Livre, Effai
fur la Police Général des grains, fur
leurs prix & fur les effets de l'agriculture, à Berlin 1755, page 159,
160, 254 & 255.

G iv

cy-deſſus, que les grains étant toujours meilleur marché en France qu'en Angleterre, les Etrangers viendroient par préférence les acheter en France, dès que la ſortie en ſeroit permiſe, & nos cultivateurs travailleroient avec beaucoup plus de courage & d'émulation, lorſqu'ils auroient une vente journaliere de leurs grains à un prix raiſonnable, & qu'ils verroient la ſuppreſſion entiere de la taille, ainſi qu'il eſt propoſé par ce Projet.

MODELE
DES REGISTRES DES PRÉPOSÉS A LA RECETTE
DES POIDS-LE-ROY.

ÉLECTION DE MEAUX.

Le Sieur VERDIER Peseur.

ANNÉE 1755.

(cachet : Poids-le-Roy pour les Moutures. An. 1755.)

TARIF DES DROITS.

	₶	s	d
Le Sac de Froment de 200 livres	2	10	
Celui de Méteil aussi de 200 livres	1	17	6
Celui de Seigle & autres menus Grains	1	5	

Marge où seront inscrits les Vus des Ambulans.	Numéros des Bulletins de Meaux.	Dates des Pesées pendant 1755.	Noms des lieux où sont situés les Moulins qui ont moulu.	Qualités des Grains.	Quantité de Grains moulus en sacs de 200 liv. (sacs)	(liv.)	Montant de la Mouture de chaque Espece. (₶)	(s)	(d)	Total des Montans pendant 1755.
		Janvier.								
	1 3		FRESNE	Froment . . .	1	50	3	2	6	4 7 6
				Méteil . . .						
				Menus Grains	1		1	5		
JE soussigné Controlleur certifie avoir calculé & arrêté les Articles du présent Registre depuis le N° 1 jusqu'au N° 3, & que la Recette s'est trouvée monter à la somme de vingt-neuf livres quatre sols cinq deniers, ce 8 Janvier 1755. En foi de quoi j'ai signé le présent avec le sieur Verdier Receveur.	2 5		BUSSY...	Froment . . .						4 10 8
				Méteil . . .	1		1	17	6	
				Menus Grains	2	25	2	13	2	
	3 7		CONDÉ	Froment . . .	6		15			20 6 3
				Méteil . . .						
				Menus Grains	4	50	5	6	3	
										29 4 5

Numéros des Bulletins de Meaux.	Dates des Pesées faites à Menux en 1755.	Noms des lieux où sont situés les Moulins.	Qualités des Grains.	Quantité de Grains moulus. (sacs)	(liv.)	Montant de la Mouture de chaque Espece. (₶)	(s)	(d)	Total du prix des Moutures.
	Janvier.								
1 3		FRESNE	Froment . . .	1	50	3	2	6	4 7 6
			Méteil . . .						
			Menus Grains	1		1	5		
2 5		BUSSY...	Froment . . .						4 10 8
			Méteil . . .	1		1	17	6	
			Menus Grains	2	25	2	13	2	
3 7		CONDÉ	Froment . . .	6		15			20 6 3
			Méteil . . .						
			Menus Grains	4	50	5	6	3	

Nota. Pour faciliter aux Préposés la Recette du droit de Mouture, il faut faire un Tarif en forme de Tableau ou Carte à trois colomnes pour les différentes Pesées & les différens Prix du Froment, du Méteil, du Seigle & autres menus Grains, en rétrogradant depuis 250 livres jusqu'à 5 livres, & l'exposer dans le lieu où sera le Fléau; par ce moyen, les Receveurs ne feront point d'erreur, & le Public ne pourra être trompé.

Tome I.

RECETTE

❋❋❋❋❋❋❋❋❋❋❋❋❋

SECONDE PARTIE.

CHAPITRE PREMIER.

Méthode pour percevoir le vingtième.

IL faut pour la perception de ce droit, suivre ce qui se pratique à l'égard de la dixme Ecclésiastique, c'est-à-dire, prendre annuellement le vingtième de tous les fruits en nature.

Les adjudications se feront dans le mois d'Avril en la Maison de Ville du chef lieu de chaque Subdélégation , par l'Intendant de la Province , en préfence des Maires & Echevins de chaque Communauté.

Elles feront annoncées & publiées un mois auparavant, elles ne feront que pour neuf années, & les adjudicataires ne pourront prétendre aucune diminution fous quelque prétexte que ce foit.

Enfin elles feront faites aux plus offrans, aux plus folvables, & aux mieux cautionnés, à la charge de payer un quart comptant, & les trois autres quarts de quatre en quatre mois.

Il sera remis une expédition des adjudications aux adjudicataires, une autre au Receveur Général de la Province, une troisieme à l'Intendance, & la minute restera sur le registre du Greffe de la Subdélégation.

L'Intendant fera transcrire sommairement ces adjudications dans un cahier, subdélégation par subdélégation, par ordre alphabétique, & il l'addressera au Controlleur Général des Finances.

Le Receveur Général de la Province fera faire la recette par ses Commis, résidens dans chaque chef lieu des subdélégations, il remettra au Trésor Royal le montant du premier quartier, un mois après la datte de l'adjudication, & les trois autres de quatre mois en quatre mois; déduction faite des charges de la Province qu'il payera par quartier sur les ordres de l'Intendant, conformément à l'Etat du Roi.

Les comptes des adjudicataires seront en forme de simple bordereau de recette & dépense; ces adjudicataires les presenteront quinze jours après l'expiration de chaque année au Bureau de l'Intendance, où ils seront exa-

minés & arrêtés ; il en sera
fait trois expéditions, l'une
pour être remise aux comptables, une autre pour rester à
l'Intendance, & la troisiéme
sera addressée au Controlleur
Général, pour servir à la vérification du compte du Receveur de la Province.

OBSERVATION.

Les Adjudicataires du vingtiéme doivent être exempts,
pendant le cours de leur baux,
de corvées, de sindicat, logement de gens de guerre, de
guet & garde, de tutelle, de
curatelle, de milice & autres
charges publiques ; ceux des

Adjudicataires du vingtiéme fur les frontieres, jouiront des mêmes priviléges, & dans le cas où ils feroient expofés aux courfes des ennemis, il leur fera accordé des fauves gardes *gratis* : enfin fi un Seigneur de Paroiffe ou autre Gentil-homme vouloit fe rendre Adjudicataire du vingtiéme à fa bienféance, il auroit la liberté de le faire fans craindre de déroger ; mais il fuivroit la forme prefcrite pour l'adjudication & la comptabilité par bordereau.

CHAPITRE II.

Etablissemens des Salines.

LE Roi suivant ce Projet doit se rendre le seul propriétaire des salines (a).

Il convient d'entourer celles des rives de la mer de fossés profonds, rejettant la terre du côté intérieur pour donner plus d'élévation.

On ne doit communiquer dans chaque saline que par un pont, au bout du quel il faut

_____

(a) Voyez M. de Vauban, page 107 & 108.

édifier un logement pour le Receveur débitant, comptable en matiere feulement, & pour deux Controlleurs à la fortie du fel & des ouvriers.

Il faut auffi qu'il y ait dans ce logement un corps-de-garde ; à l'égard des falines de fources, elles doivent être exactement enfermées de murailles, mais il faut détruire celles qui ne font point abondantes, & pareillement les marines peu confidérables.

Pour la fureté des falines, il faut un détachement d'Invalides commandé par un Sergent & un caporal, qui feront alternativement la ronde des fossés extérieurs , afin de connoître s'il ne paroît pas quelque trace pour pénétrer dans l'intérieur ; l'un des Controlleurs en fera aussi fréquemment dans la même vue , sur les revers des fossés , & il en sera rendu compte au Commissaire administrateur.

Le plus proche qu'il sera possible des salines, il faut élever un bâtiment pour loger le Commissaire Administrateur, & les principaux employés, afin de faliciter par leur réunion l'accélération du service, s'il n'y a point d'Eglise voisine de ce bâtiment, il faut y construire une Chapelle & y entretenir un Aumônier.

Le Commiſſaire Adminiſ-trateur doit être un homme de conſidération , gradué , capable de commander , laborieux , intégre & d'un grand ordre ; il lui faut un Secrétaire.

Il faut un Controlleur, de famille honnorable , d'une grande probité , & au fait de la tenue d'un Journal.

Un Auditeur de compte & trois Commis, très entendus pour la formation des Etats & de la comptabilité.

Un Tréſorier titulaire dont la finance de l'office garantiſſe le maniement.

Le Tréſorier recevra des

acheteurs le prix du sel qu'ils défireront avoir, il en fournira son récépiffé comptable, après l'avoir infcript fur fon journal timbré & cotté, y rapportant le numero, la date en chiffre, la quantité & la fomme écrite en toutes lettres, & répétée en chiffre au bout de la ligne dans deux colomnes préparées, l'une pour les quantités de fel, l'autre pour les fommes : chaque page fera additionnée, & le montant rapporté à la page fuivante, afin que dans l'inftant on puiffe connoître fa fituation.

A l'égard de la vente du

fel, il aura un fecond journal pareillement timbré & cotté, ayant deux colomnes à droite intitulées, l'une *Recette*, l'autre *Dépenfe*. Il rapportera fur ce fecond journal, fa recette en deniers du premier journal à fur & à mefure, & la réitérera en chiffre dans la colomne tirée *Recette* ; il infcrira fur ce fecond journal, la dépenfe qu'il fera par ordre du Commiffaire Adminiftrateur, vifé du Controlleur de l'adminif-tration, & ce auffi, article par article, & la rapportera en chiffre dans la colomne tirée *Dépenfe* : quoique les articles de recette & dépenfe foient confondus & inscrits ensuite l'un de l'autre, selon que le cas l'exigera ; l'on pourra toujours connoître à chaque moment, la situation de la caisse en recette & dépense en deniers.

Le récépissé du Trésorier mentionné au précédent article, sera rapporté par l'acheteur au Commissaire Administrateur, qui l'échangera contre son ordre de délivrance au distributeur.

Cet ordre contiendra le prix payé, & la quantité de sel à délivrer ; il sera presenté au Controlleur de l'administration, qui l'enregistrera sur ſon journal cotté & timbré par numero, dattes en chiffre, dans chaque colomnes tirées à cet effet ; après l'avoir viſé, ſigné & remis au vendeur, celui-ci le portera au Bureau du pont, où on lui fera la délivrance du ſel, après que le Controlleur des ſalines aura enregiſtré l'ordre ſur ſon journal cotté & timbré par numero & dattes en chiffres, & par quantité en toutes lettres, qu'il rapportera en chiffres hors de lignes, dans une colomne titrée *quintaux de ſel*. Le diſtributeur aura auſſi un journal cotté & timbré, où il inſcrira le numero, la date & la quantité en chiffres seulement, dans les colomnes préparées à cet effet.

Tous les Dimanches matin, le Tréforier fera une copie figurée de son second journal, qu'il certifiera véritable après l'avoir collationné, & il la remettra à l'auditeur des comptes. Le Controlleur de l'administration & celui des falines fourniront chacun à leur égard, femblable copie de leurs journaux d'eux certifiées, qu'ils remettront auffi à l'auditeur des comptes, qui vérifiera & confrontera les différentes copies, après quoi il formera un état ou tableau sommaire par numero, datte, quantité & somme dont sera fait trois copies qu'il remettra au Commissaire ordonnateur; celui-ci en addressera une à M. le Controlleur Général, une autre à l'Intendance, & il gardera la troisiéme dans laquelle il renfermera les récépissés comptables du Trésorier relatifs à cet état, pour y avoir recours lors des comptes ou bordereaux généraux dont on va parler.

Les deniers du produit de la vente du sel, seront remis de 15 en 15 jours au Receveur Général ou à ses Commis, déduction faites des frais de régie

gie, ſuivant l'Etat du Roi, &
les Etats particuliers relatifs.

Le Receveur Général des
Gabelles, qui le ſera auſſi du
Tabac, pour ne pas multiplier
les Comptables, ayant un ma-
niment ·conſidérable , doit
payer pour ſa charge une finance proportionnée, ſervant
de ſûreté des deniers Royaux :
il convient cependant de l'o-
bliger à remettre mois par
mois les fonds que les Tréſo-
riers particuliers lui feront tenir de quinze en quinze jours,
ou en eſpeces, ou en reſcrip-
tions.

Dans le mois de Janvier de
chaque année, les comptes du

Tome I.   H

Receveur débitant & du Tréforier, qui auront été minutés
à mefure du débit de l'un, &
de la recette de l'autre, feront
examinés & vérifiés par l'Auditeur, en préfence du Commiffaire Adminiftrateur, & du
Controlleur de l'adminiftration, qui les feront auffi tôt paf-
fer avec les piéces juftificatives
au Bureau de l'Intendance, pour
y être appurés & arrêtés : alors
il en fera fait trois expéditions,
l'une pour fervir de décharge
aux Comptables, une feconde
pour le Controlleur Général,
& une troifiéme pour refter à
l'Intendance. La minute fera
rapportée avec les piéces, pour

rester en dépôt avec les registres.

A la fin de Décembre, il
sera fourni de nouveaux registres cotés & timbrés aux
Controlleurs de l'administration, aux Tréforiers, aux Receveurs débitans & aux Controlleurs du Bureau du Pont,
pour enregistrer les recettes
& dépenses, & controlles sur
ces nouveaux registres, à compter du premier Janvier, jour
auquel ils remettront les anciens au dépôt, pour y avoir
recours, si besoin est.

Ainsi cette forme de compte par simple bordereau, évi-
tera les longueurs & les frais
H ij

d'une embarraſſante & monſ-
trueuſe comptabilité , libelle
inutile dans une matiere ſi
peu compliquée , qui par la
forme ordinaire ne finit point ,
eſt d'ailleurs très-coûteuſe au
Roi , quoiqu'elle n'opere rien
de plus pour la ſûreté de Sa
Majeſté & la décharge des
Comptables.

R-E M A R Q U E S.

Il conviendroit de commet-
tre un Inſpecteur Général am-
bulant pour viſiter les ſalines
qui ſont ſur les côtes en mêmes lignes , comme Maran ,
Brouage, Roy, &c. qui rendît
compte directement à M. le

Controlleur Général, si l'administration s'observe régulié-
rement, tant par les Chefs que
par les Subalternes, si les salines sont bien tenues, & si la
manœuvre se fait avec exactitude & fidélité.

C'est ici le lieu de remar-
quer que l'exécution du présent Projet feroit cesser la
contrebande du sel : en effet
dès que le Roi sera propriétaire de toutes les salines, que
celles de mer seront entourées
de fossés profonds , que celles de sources seront enfermées de murailles, que le sel
sera devenu marchand, qu'il
ne coûtera plus que quatre sols

ſix deniers dans les ſalines, & cinq ou cinq ſols ſix deniers dans toute la France, les Fauſſonniers ne trouveront plus aucun avantage ; la crainte des mines les engageroit à s'occuper à la culture des terres, ou à d'autres travaux utiles à la ſociété.

Preuves que les Fauſſonniers ne trouveroient plus de bénéfice.

Un Fauſſonnier porte deux cens livres de ſel ſur ſon cheval ; ce ſel lui coûte au moins un ſol ſix deniers la livre : s'il le vend quatre ſols ſix deniers, il n'aura que trois ſols de reſ.

te ; ce qui feroit trente livres
de bénéfice apparent : mais il
eſt obligé de marcher pendant ſix à ſept jours, ou ſix à
ſept nuit : il vit chérement
lui & ſon cheval , les gens
chez leſquels il ſe réfugie s'en
faiſant bien payer ; il ne lui
reſte donc pas l'équivalent de
l'achat , de la dépenſe , des
fatigues, des inquiétudes &
de la crainte des mines. D'ailleurs quelles ſeroient les perſonnes qui voudroient acheter de lui, lorſque le ſel du
Roi pris près ou loin , toujours
d'une égale qualité,ne leur reviendroit qu'à cinq ſols, ou
au plus à cinq ſols ſix deniers

H iv

la livre, poids de marc, dans les lieux les plus eloignés?

Les Chambres Souveraines établies en Dauphiné, en Normandie & en Champagne, ont déja diminué le nombre des contrebandiers ; il n'en existera plus, dès qu'on exécutera les Ordonnances à la rigueur : d'ailleurs si le présent Projet est adopté dans tout le Royaume, n'y ayant plus de distinction de pays conquis ou franc-salé, les salines & les frontieres étant bien gardées, les gens de mer qui font des salaisons étant bien observés, & les Juges Royaux veillant par-tout à la punition des con-

trevenans, il n'eft plus poffi-
ble qu'il y ait dans le Royaume aucun verfement de marchandifes prohibées.

Peut-être penfera-t-on que
les procès des contrebandiers
étant rendus aux Juges Royaux,
& fe faifant aux dépens du
Roi, le jetteront dans de
grands frais ; cette crainte s'ef-
facera, fi on fait attention que
ces frais ne confommeront
même pas le produit des marchandifes confifquées, que le
Roi fera vendre à fon profit
chez l'Etranger, & qu'il n'y
aura bientôt plus de procès à
inftruire, puifqu'il ne fe fera
plus de contrebande.

H v

CHAPITRE III.

Fabrication & Distribution du Tabac.

IL faut pour la fabrication & la distribution du tabac, suivre à-peu-près l'administration prescrite pour le sel au précédent Chapitre, tant par rapport à cette fabrication qu'au débit, au controlle d'inspection, aux entrées & sorties, à la tenue des registres, au dépouillement, aux Etats sommaires de quinzaine, à l'envoi d'iceux au Controlleur Général des Finances, au changement des regiftres au premier de Janvier, & à l'arrêté des comptes du Receveur & du Dépofitaire dans les quinze premiers jours de Janvier.

Au moyen de la garde exacte fur les frontieres, non par des Commis, qui font pour la plûpart contrebandiers directes ou fecrettement intéreffés à la contrebande, mais par des troupes, comme on le propofera au Chapitre fuivant. La fraude cefferoit, cette denrée étant devenue marchande & à deux fols l'once, bien fabriquée, joint à la facilité d'en trouver par tout à

H vj

ce prix d'une même qualité, il n'y auroit plus de profit équi-valent à la perte, en cas de saisie suivie de la condamna-tion perpétuelle aux travaux des mines, châtiment plus grand pour les contrebandiers que les galeres, & plus utiles à l'Etat (a).

(a) Il y a beaucoup de mines dans le Royaume, le produit récompen-seroit bien au-delà de la dépense; Henri IV., conçut ce dessein en 1508. Voyez son Hist. par l'Evêque de Rodes, page 548 & 549.

CHAPITRE IV.

Droits de sortie & d'entrée dans les Ports & frontieres du Royaume.

COmme il y a des Bureaux établis sur toutes les frontieres maritimes, & de plein pied avec les Etats des Puissances voisines, il n'est question que de simplifier la régie, de la faire observer plus exactement, avec moins de frais, plus de simplicité & de fidélité.

Pour empêcher dans le Royaume l'entrée & l'usage

des toiles peintes , & autres effets ou marchandifes prohibées , provenans des pays Etrangers, & afin de maintenir & multiplier les manufactures , augmenter la confommation du produit des terres , perfectionner & étendre l'induſtrie des fujets, il eſt néceſſaire d'entretenir des gardes ſur les frontieres maritimes , & de plein pied aux Etats voiſins.

Il faut tirer ces gardes de l'Hôtel Royal des Invalides, commandés par leurs Officiers, qui recevront les ordres de la Cour par les Intendans des Provinces.

Il faut de l'Infanterie pour

former les postes sédentaires, & de la Cavalerie pour faire les rondes de poste en poste; relever ces troupes de six mois en six mois pour empêcher la séduction, & leur donner part des confiscations jugées bonnes, régulierement faites, & en régler la distribution selon les grades.

Les contrebandiers ou fraudeurs des droits Royaux qui seront arrêtés & leur marchandises, seront conduits dans les prisons de la Ville la plus prochaine de la capture, & remis à la garde du Juge Royal, qui en dressera un Procès-verbal, dont il sera délivré une expédition à l'Officier ; celui-ci la remettra à son Commandant qui l'addressera aussi-tôt à la Cour : le Juge Royal sera tenu de son côté d'envoyer une expédition à l'Intendant dans les vingt-quatre heures, d'instruire les délits & de juger les délinquants avec toute la célérité possible ; il convient d'exécuter à la rigueur, sans excepter personne, les Ordonnances rendues au sujet des contrebandes.

En l'année 1710, il fut fait des visites dans toutes les maisons, pour saisir & brûler toutes les toiles peintes ou autres étoffes étrangeres en piéces, en meubles ou en vêtemens.

Sa Majesté voulut bien accorder par grace, que ces étoffes ne seroient pas brûlées. Il ordonna seulement que ces effets prohibées seroient exactement marquées, qu'on les laisseroit aux propriétaires, & que ceux qui se trouveroient dans la suite non marquées seroient brulés, & les contrevenans condamnés à trois mille livres d'amende.

Si cet Ordonnance eut été bien observée, les vues de Sa Majesté auroient eu leur accomplissement ; mais l'on n'a point cessé d'y contrevenir. Les Financiers qui auroient

dû montrer l'exemple , ont été
les premiers réfractaires , ils
ont toujours continué de s'en
meubler , & leurs femmes de
s'en habiller. Un grand nombre de perſonnes riches les
ont imités , ainſi que les bourgeois & le peuple ; ce qui fait
languir & déſerter les ouvriers
& tomber nos manufactures.

En remettant en vigueur
cette Ordonnance , renouvel-
lant les viſites, non par le miniſtere des Traitans & de leurs
Commis, mais par les Officiers
& ſupôts de Juſtice , ſans aucun ménagement , ni grace
pour perſonne de quelque
rang & qualité que ce ſoit qui

ſe trouveront meublées, vétues ou munies dans leurs gardes meubles, magazins & bouti-ques de ces toiles ou étoffes défendues, *mème des mouchoirs des Indes*, en faire faire la ſai-ſie, les brûler & condamner les contrevenans en ſix mille livres d'amende, ſans eſpoir de mo-dération, à moins qu'au préa-lable, il ne plut au Roi d'ac-corder un délais de ſix mois, & des paſſe-ports pour faire ſortir ces effets en piéces, en meubles ou en habits hors du Royaume. Il faudroit ré-compenſer les Dénonciateurs, Domeſtiques ou autres avec promeſſe de ne les point faire connoître.

Observation considérable.

L'on dit communément , *que s'il n'y avoit point de recéleur , il n'y auroit point de voleur :* l'on peut dire avec autant de certitude que s'il n'y avoit point d'acheteur de marchandifes prohibées , il n'y auroit pas de contrebandiers. Ce font donc les acheteurs qu'il faut réprimer tels qu'ils puiffent être , & les contrebandiers ne fubfifteront plus.

Si les Fermiers Généraux & leurs Commis ne contrevenoient pas eux-mêmes aux défenfes réitérées dès le regne

de *Louis XIV*, les toiles peintes ou autres étoffes prohibées
ne seroient plus d'usages.

Si ceux chargés d'empêcher
l'introduction de ces marchandises étrangeres, n'en meu-
bloient pas leurs Hôtels, leurs
maisons de campagne, &c.

Si eux, leurs Commis & les
Directeurs de la Compagnie
des Indes, ne vendoient pas
ou n'appliquoient pas à leur
usage particulier, à celui de
leur famille & de leurs amis
plus des trois quarts des quantités saisies & introduites dans
les frontieres.

Si les gardes ne facilitoient
pas l'entrée, d'intelligence

avec ceux qui leur font un parti plus avantageux, que la part
qu'on leur donne dans les
ſaiſies.

Si le Roi faiſoit publier une
nouvelle déclaration relative
à celle de 1710. Portant,
qu'immédiatement après ſa pu-
blication, il ſera fait des viſites
& des recherches par toutes les
Villes du Royaume, Bourgs,
Châteaux, Maiſons de plaiſan-
ce, &c. Pour reconnoître & conſ-
tater la nature, la qualité & la
quantité de toutes les toiles &
autres étoffes de fabrique étran-
geres, en coton, fil, écorce,
ſoyes, laines pures ou mélangées,
ſoit en piéces & coupons ; ou em-

ployés en meubles ou en habits,
qui se trouveront dans les Hôtels,
Maisons ou Châteaux, soit en
évidence ou dans les garde-rob-
bes, garde-meubles, magazins,
boutiques, &c. sans exceptions
de grade ou de dignités des propriétaires Privilégiés, comme
non Privilégiés.

Si sur toutes ces choses in-
diquées ; l'on appliquoit une
marque inéfaçable, que l'on
en désignât la forme, l'état,
la quantité, la qualité, par
des Procès-verbaux dans chaque lieu de visites ; & que par la
même Déclaration, il fut dit
que six mois après la confection
des Procès-verbaux, un récolle-

ment de ce qui se trouveroit en
meubles ou en vêtemens au-delà de ce qui seroit contenu dans
les Procès-verbaux : ainsi que
les piéces & coupons , dont les
propriétaires n'auroient pas fait
faire la vente & les transports
dans les pays Etrangers : que
ceux ou celles sans exception de
personne qui se trouveroient en
contravention lors de ce récolle-
ment seroient condamnés ; sçavoir , les Roturiers en trois mille
livres d'amendes , & trois années
de bannissement ; les Nobles ou
ceux constitués en charge anoblis-
santes en six mille livres d'amendes , une année d'interdiction de
leur charge , office & privilége ,
ou

ou de *six mois de prison*, & que semblables visites fussent faites annuellement de la même maniere & sous les mêmes peines.

Si ce plan enfin avoit lieu sans exception, si le Roi proscrivoit aussi ces marchandises prohibées de ses Palais, cet exemple seroit plus efficace que la défense la plus positive, la contrebande ne subsisteroit plus, & nos Manufactures reprendroient leur vigueur.

Pour parvenir à l'exécution d'une pareille Déclaration, il conviendroit que les visites se fissent par des membres des Tribunaux ; sçavoir, dans la Ville & Fauxbourg de Paris,

par des Commiſſaires du Châ-
telet, aſſiſtés de Cavaliers du
Guet : dans la Banlieue de cette Ville, par les mêmes Commiſſaires aſſiſtés des Cavaliers
de l'Iſle de France, & dans
les autres Villes, Bourgs,
Châteaux & Maiſons de plai-
ſance du Royaume, par les
Conſeillers des Bailliages &
Préſidiaux, aſſiſtés des Cavaliers de la Maréchauſſée.

Que les choſes trouvées dans
le cas de ſaiſie, mentionnées
dans les Procès-verbaux de ré-
collement, ſeront enlevées &
tranſportées au chef lieu de la
Juriſdiction ou ſeront imma-
triculés les Commiſſaires qui

auront fait les faisies ; pour après le Jugement qui sera rendu à leurs rapports respectifs, les marchandises ou hardes prohibées, être brûlées dans la place publique de chaque Jurisdiction, en présence des Rapporteurs & les contrevenans contraints par corps au payement de l'amende & aux peines cy-devant expliquées.

Il est constant que cette Ordonnance exécutée dans la forme qu'on vient de prescrire, empêcheroit les plus téméraires de se servir désormais des marchandises prohibées, & que faute de débit, la race des contrebandiers s'annéantiroit bien

plus promptement & plus sû-
rement , que par les pour-
suites & les procédures des
Chambres Souveraines imagi-
nées par les Fermiers Généraux , établissement monf-
trueux , aussi mystérieux &
arbitraire que l'inquisition , &
qui malgré la longueur de la
captivité dans laquelle elles
retiennent les innocens comme les coupables , les grosses
amendes qu'elles exigent , la
flétrissure , les galeres , & la
mort violente qu'elles pro-
noncent n'arrêtent ni ne dimi-
nuent la contrebande : quoiqu'il s'agisse des biens & de la
vie des citoyens souvent enve-

loppés sur une simple présomp-
tion dans le tourbillon d'iniqui-
té, les peines que ces Chambres
infligent ne sont sujettes à ré-
vision par aucun Tribunal su-
périeur, ni à l'examen de la
forme des procédures, ni à
l'équité des jugemens. Malgré
ces terribles appareils, malgré toutes les injustices qui
s'ensuivent, jamais ces Chambres ni les Fermiers Généraux,
ni leurs Commis, ni leurs gardes ne détruiront la contrebande ni les contrebandiers ;
l'appas du gain dans les mer-
cénaires, leur fait mépriser la
peine, les risques & la mort
même, ôtez donc la source

de cet appas, forcez les grands,
ſur - tout les Financiers & le
peuple, d'obéir aux défenſes ;
ſoutenez vos manufactures dans
leurs perfections, protégez la
variété des modes & l'induſtrie
des Fabriquans ; ils trouveront
par la diverſité des deſſeins, des
mélanges, de la tiſſure, l'art
de ſubſtituer le gout des étoffes de France à la fantaiſie des
étoffes de Fabrique étrange-
re ; on ſera forcé de s'en con-
tenter, lorſqu'il ne ſera plus
poſſible de faire uſage de celles prohibées : notre argent
ne paſſera plus chez l'Etranger,
nos Fabriques ſe perfectionne-
ront de plus en plus, & pluſieurs

manufactures au lieu de deux ou trois metiers auxquelles elles font réduites, en mettront vingt fur pied : un nombre infini d'ouvriers qui périffent de miferes dans les campagnes & dans les Villes, ou qui mandient, ou qui s'expatrient, feront occupés ; l'efpece circulera plus univerfellement, les revenus du Roi augmenteront, l'Etat fera plus floriffant par la crue du bétail, la culture des terres, le commerce intérieur & maritime ; ce qui fera démontré d'une maniere fenfible dans le chapitre fuivant.

I iv

CHAPITRE V.

Droits d'entrée dans Paris.

IL faut établir un Bureau Général, composé d'un habile Directeur, d'un sous-Directeur ; l'un & l'autre experts dans la comptabilité & de famille honorable, quatre Commis versés dans les opérations de dépouillement des calculs, & des comptes, & deux bons écrivains.

Il faut un Trésorier Général titulaire, dont la finance de l'office, serve de caution pour son maniement.

Il faut à chaque barriere un Receveur titulaire, dont aussi la finance de l'office serve de caution, & deux Controlleurs à chaque barriere.

Au lieu d'apointemens, outre les gages pour le revenu de la finance à cinq pour cent, les Titulaires auront des taxations prélevées sur le montant de leurs recettes respectives, & les Controlleurs seulement brevetés, pour leur donner plus d'émulation, auront au lieu d'appointemens, des taxations prélevées sur la recette du Bureau d'entrée auquel ils seront attachés (a).

____

(a) Il y a des Bureaux ou il faudra

I v

Il faut encore un Controlleur pour chaque seconde barriere, fixer pareillement à châcun d'eux des taxations en proportion des sommes contenues aux bulletins , qu'on appelle *laissés passer* ; & en outre des doubles taxations sur ce qu'ils auront arrêté, & qui sera passé en fraude par la premiere barriere , dont la déduction sera faite sur les taxations des Controlleurs de cette premiere, afin de les obliger à plus d'exactitude : les seconds Controlleurs ayant

---

plus de deux Controlleurs , mais il y en a aussi ou il n'en faudra qu'un.

intérêt d'augmenter leur ré-
tribution, ne laisseront rien
passer de sujets aux droits sans
être acquités.

Enfin pour soutenir ces Controlleurs, il faut un Corps-de-
garde de cinq hommes à chaque premiere barriere & deux
à chaque seconde. Si ce sont
des Invalides qui soient commandés à cette garde, en dou-
blant leur solde ils feront con-
tens, & serviront avec fidélité (a).

Les Receveurs particuliers

(a) Il y aura des barrieres où il en
faudra deux de plus, d'autres deux
de moins.

auront chacun un regiſtre journal cotté & timbré , ſur leſquels ils inſcriront jour par jour , & au moment de la recette même avant de délivrer leurs récépiſſé , les ſommes qu'ils recevront enſuite l'une de l'autre , ſans renvois , blancs ni ratures , & ils la porteront en chiffres dans une colomne hors ligne , afin que les pages puiſſent être additionnées. Les Receveurs remettront le produit de leur recette de huitaine en huitaine au Tréſorier Général.

Les Controlleurs des ſecondes barrieres auront auſſi un pareil regiſtre journal, qu'ils tiendront dans la même forme pour y inscrire les *laissés passer* qu'ils viseront, & en cas de recette par extraordinaire, ils en feront la remise au Trésorier Général de huitaine en huitaine.

Les Controlleurs des premieres barrieres auront un carnet portatif, aussi cotté & timbré comme les précédens registres, sur lesquels ils écriront la datte & la somme contenue dans l'acquit du Receveur qu'ils viseront.

Tous les Dimanches matins, les Receveurs feront une copie figurée de leur registre, contenant la recette du Diman-

che au famedi ; ils la certifieront véritable & l'addrefferont
au Bureau Général.

Les Controlleurs feront pareillement copie des articles
de leur carnet pendant la fe-
maine, ils la certifieront &
l'addrefferont auffi au Bureau
Général.

Le Controlleur de la feconde barriere, fera copie de la
huitaine, la certifiera & l'addreffera de même.

Toutes ces copies des journaux des Receveurs & des Controlleurs, feront, auffi-tôt la
remife, dépouillées, & mifes
en état de former chaque année un bordereau général du

total de chaque barriere, par
ordre alphabétique, il en fera
fait deux expéditions certifiées
du Directeur en second, vé-
rifiées & vifées du Directeur
Général, qui en fera le rapport à l'Intendant, lequel
après les avoir examinées &
apurées, en remettra une expédition au Controlleur Général, pour servir à l'épure-
ment du compte du Tréforier
Général, une autre fera remife aux comptables pour leur
décharge, une troifiéme fera
laiffée à l'Intendance, & la
minute reftera au Bureau avec
les piéces juftificatives.

Les regiftres des Receveurs

particuliers, & ceux des Controlleurs des fecondes barrieres ne ferviront qu'une année, & dès le vingt-cinq Décembre il en fera fourni de nouveaux dans la même forme, pour enregiftrer les recettes au premier Janvier fuivant : les carnets des Controlleurs aux premieres barrieres, feront renouvellées de trois en trois mois, & les précédens remis au Bureau Général.

OBSERVATION

Sur les taxations du Tréforier Général, des Receveurs particuliers & des Controlleurs.

Les Employés à honoraires

& à appointemens s'acquitent ordinairement de leur devoir, parce qu'ils y font forcés par la crainte de perdre leurs places ; au lieu qu'en leur fixant des rétributions qu'ils pourront augmenter par plus de foin & d'application , leurs intérêts particuliers leur donneront plus d'aptitude pour faire valoir ceux du Roi ; ainfi les taxations fur le montant des recettes effectives eft le parti le plus fimple , le plus proportionnel & le plus avantageux pour fa Majefté & pour les Empoyés.

Les taxations du Tréforier Général , doivent être d'un

denier fur la recette effective jufqu'à dix millions, & pour ce qui fera au deffus à quelques fommes que ce puiffe être, fur le pied feulement d'un demi denier.

Celles des Receveurs particuliers, fur le pied d'un denier jufqu'à fix cens mille livres & au deffous, & d'un demi denier fur ce qui fera au-deffus des fix cens mille livres à quelque fomme que monte fa recette.

Celles des Controlleurs des premieres barrieres, fera pour chacun d'un demi deniers, jufques à fix cens mille & au-deffous, & d'un quart de de-

nier au-deſſus de cette ſomme.

Chaque Controlleur des
deuxiémes barrieres aura un
quart de denier ſur le montant des *laiſſés paſſer*, qu'il
rapportera outre le double du
droit ſur ce qu'il arrêtera,
ou qui aura paſſé en fraude
par les premieres barrieres,
ſuivant ce qui a été dit.

CHAPITRE VI.

Revenus Fixes.

SOus ce titre on a compris les Domaines du Roi, les Francfiefs, les Amortissemens, les Amendes, les Epaves & Confiscations, les Parties casuelles, les Postes & le vingtiéme des rentes constituées sur l'Hôtel de Ville, sur les Postes, & des autres effets Royaux, ainsi que des pensions, gages & gratifications accordées par Sa Majesté.

Pour ce qui regarde les

Domaines, on peut fuivre la même méthode qu'on a donné au Chapitre premier pour le vingtiéme, c'eft-à-dire, les adjuger féparément & obliger les Adjudicataires par les mêmes voyes à payer au Receveur Général de la Province dans laquelle ces Domaines feront fitués & à compter au Bureau de l'Intendance.

A l'égard des Francfiefs, Amortiffemens & Parties cafuelles, vingtiéme des Rentes & des Poftes, il n'eft point néceffaire de rien innover à ce qui fe pratique actuellement.

Par rapport aux amendes & confiscations, il suffit de laisser dans chaque Jurisdiction un Receveur, dont la solvabilité soit cautionnée par la Finance de l'office, qu'il paye aussi au Receveur Général de la Province, & qu'il compte également par Bordereaux à l'Intendance.

CHAPITRE VII.

Droit de mouture & Poids-le-Roi.

CHaque Préposé au pesage recevra le droit sur le pied de deux livres dix sols par sac de deux cens livres de froment, de vingt-cinq sols par sac du même poids des autres grains inférieurs & du meteil en proportions.

Il aura un regiſtre dans la forme preſcrite au Chapitre ſeptiéme de la premiere Partie, page 153 ſur lequel il inſcrira jour par jour, ſans renvois ni ratures, chaque pesée en toutes lettres au fur & à mesure qu'il les fera. Ce regîstre lui sera fourni à l'Intendance, où il sera cotté & timbré, il servira à établir la recette de ce Préposé.

Il sera controllé mois par mois, ou plus souvent s'il est nécessaire par des Ambulans.

Ces Ambulans calculeront les recettes faites dans l'intervale d'un arrêté à l'autre, ils l'arrêteront par une notte marginale ; ils en écriront le montant en toutes lettres, ils datteront, signeront & feront signer avec eux le Préposé au Poids-le-Roi. Il sera fait deux copies

copies de cet arrêté, qu'ils feront pareillement figner à ce Prépofé, ils les figneront eux-mêmes & en adrefferont auffi-tôt une à l'Intendance, l'autre au Subdélégué qui correfpond avec ce Prépofé (a).

Chaque régiftre ne fervira qu'une année, foit qu'il foit rempli ou non, jufqu'au dernier Décembre.

Au vingt ou vingt-cinq de ce mois, il fera addreffé par l'Intendance au Subdélégué, de nouveaux regiftres pour

____

(a) Il eft bon pour empêcher la collufion, de changer les diftricts de ces Ambulans de trois en trois mois.

l'année suivante qu'il envoyera à chaque Préposé au Poid-le-Roi de sa Subdélégation , & leur ordonnera de lui rap-porter dans les huit premiers jours de Janvier les précédens , avec les récépissés comptables du Trésorier de la subdéléga-tion , auquel ils auront remis de quinzaine en quinzaine le produit des moutures.

L'extrait du registre du Préposé aux moutures , servi-ra au Subdélégué à vérifier si ce Préposé a fait exactement la remise de ses recettes , com-parant le montant des mou-tures à la recette du Trésorier de la Subdélégation.

Sur ce regiſtre & ces récépiſſés que le Prépoſé rapportera, il ſera formé un bordereau ; la recette ſera compoſée
du total des articles arrêtés par
les Ambulans, dont il vérifiera les calculs ; & la dépenſe
juſtifiée par les récépiſſés comptables du Tréſorier rapportés
datte par datte & par ſommes, à quoi ajoutant deux ſols
par ſac de mouture accordés
au Prépoſé pour ſon ſalaire,
le bordereau doit ſe trouver
ſoldé.

Il ſera expédié quatre copies de ce bordereau, ſignées
du Subdélégué & du Prépoſé,
auquel en ſera donné une pour

fa décharge ; il remettra en conféquence au Subdélégué l'ancien regiftre & les récépiffés comptables du Tréforier de la fubdélégation ; la deuxiéme addreffée à l'Intendance, la troifiéme au Bureau des Finances & la quatriéme reftera au Subdélégué.

Le Tréforier de la Subdélégation, fera nommé & cautionné par les Maires, Echevins & Corps de Ville de chaque Chef lieu de l'Election. Il fera choifi entre les plus notables du lieu, & pendant qu'il exercera cet emploi, il jouira d'exemption de logement de gens de guerre, de charges

de Ville, de tutelle, de curatelle & de toutes autres charges publiques.

Il lui fera fourni par l'Intendance, un journal cotté &
timbré, divifé en autant de
Chapitres qu'il y aura de moulins à eau & à vent dans fon
département ; il y aura à la
marge droite deux colomnes,
l'une pour la recette l'autre
pour la dépenfe : fur ce regiftre il infcrira au fur & à mefure ce qu'il recevra des Prépofés au Poid-le-Roi, & dat-
tera le récépiffé qu'il leur fournira : il employera la fomme
en toute lettre, & la tirera en
chiffres hors ligne dans la pre-
K iij

miere colomne , & pareillement dans la seconde les re-
mises qu'il fera au Receveur
Général de la Province ou à
son Commis.

Ce regiftre ne renfermera
qu'une année, le premier Janvier de chacune, le Tréforier
se fervira du nouveau, cotté &
timbré comme le premier que
le Subdélégué lui remettra.

Dans la premiere quinzaine
de chacun des mois de Janvier , le Subdélégué en préfence des Maires & Echevins,
vérifiera & arrêtera le bordereau que ce Tréforier lui pré-
fentera. La recette fera compofée des récépiffés compta-

bles qu'il aura donné aux Préposés aux Poids-le-Roi que le Subdélégué en aura retiré ; & la dépense sera justifiée 1°. Par les récépissés comptables du Receveur Général de la Province ou de son Commis, que ce Trésorier représentera & qu'il remettra au Subdélégué. 2°. Par l'emploi des taxations qui lui auront été fixées.

Il sera fait quatre expéditions de ce bordereau, signées du Subdélégué & du Trésorier, & aussi des Maires & Echevins intéressés à sa décharge, comme cautions ; desquelles il en sera remis une au Trésorier pour sa décharge.

La seconde sera pour l'Intendance, la troisiéme pour le Bureau des Finances, & la quatriéme restera au Subdélégué.

Les regiftres tant des Prépofés au poids-le-Roi que celui du Tréforier de la Subdélégation, comme auffi les bordereaux arrêtés avec ces Prépofés ; enfemble les récépiffés comptables du Receveur Général de la Province en faveur des Tréforiers des Subdélégations, feront addreffés au Bureau de l'Intendance où fera fait la vérification. 1°. Des recettes des Prépofés au Poids-le-Roi fur leurs regif-

tres, fur les vûs des Ambulans, & fur les bordereaux arrêtés par les Subdélégués. 2°.
Des recettes & dépenfes des
Tréforiers des Subdélégations
fur leurs regiftres, les bordereaux arrêtés par le Subdélégué & les récépiffés comptables du Receveur de la Province. Après cette vérification, il fera dreffé un bordereau général, où chaque Subdélégation fera rapportée par
ordre alphabétique : la recette
contiendra les payemens faits
par les Prépofés au Poids-le-
Roi aux Tréforiers des Subdélégations ; & la dépenfe fera établie fur les récépiffés

comptables à leur décharge, de la part du Receveur de la Province.

De ce bordereau général, il en sera adressé une expédition à M. le Controlleur Général avec les récépissés ou rescriptions du Receveur de la Province, une seconde restera à l'Intendance pour servir à la vérification du compte de ce Receveur de la Province, & la minute restera au Greffe de la Subdélégation, avec le surplus des piéces justificatives.

OBSERVATION.

La grande quantité qu'il y a de moulins dans le Royaume, pourroit faire préfumer que la levée du droit de mouture feroit embaraffante & très couteufe ; mais comme la multiplicité des Prœpofes à la recette, n'augmente pas la dépenfe, puifque leur falaire eft taxé à deux fols par fac de deux cens livres, qu'il y ait plus ou moins de pezeurs, cette dépenfe en totale fera toujours la même pour le Roi, & le public en fera plus promptement fervi : ainfi dans chaque Village on peut établir un Prépofé, dans chaque Bourg deux, & dans chaque Ville autant qu'il en fera néceffaire : l'on trouvera aifément des particuliers qui fe chargeront avec empreffement de cet emploi, en leur donnant l'exemption de corvée, de findicat, de logement dẽ gens de guerre, de guet & gardes, de tutelle, curatelle, milice & autres charges ordinaires de Communauté ; d'un autre côté le bénéfice quelque modique qu'il paroiffe, les rendront attentifs au recouvrement.

CHAPITRE VIII.

Controlles & Papiers timbrés.

ON a dit dans la premiere Partie, qu'il falloit réduire les droits de controlle des actes, & des ouvrages d'or & d'argent, ainsi que ceux établis sur le papier timbré, ensorte qu'ils suffisent aux frais de régie, & il paroît inutile de donner ici un plan particulier pour cette régie.

CHAPITRE IX.

Lorraine.

A L'égard de cette Province qui est réunie pour toujours à la Couronne, après la mort du Roi de Pologne, il ne sera question que d'assimiler ces nouveaux Sujets aux anciens, en établissant les mêmes droits, les mêmes formalités & la même méthode.

CHAPITRE X.

Suppreſſion des Offices inutiles.

IL eſt évident qu'au moyen de ces formes d'adminiſtration qu'on vient d'indiquer, le Roi épargneroit conſidérablement ſur les frais ; que les remiſes au Tréſor Royal ſeroient plus exactes & plus promptes : on conçoit avec la même évidence combien cette œconomie, en augmentant les revenus de Sa Majeſté, ſupprimera de titulaires & d'employés inutiles, qui ceſſant d'être les perſécuteurs des dix-

neuf vingtiéme de la Nation,
ferviront la fociété, foit dans
les armées, dans la robe, dans
les Arts, dans le Commerce,
dans la Marine, comme La-
boureurs, Artifans, manouvriers & Matelots.

Quant au remboursement
du prix de ces offices, le Roi
fera en fituation en peu d'années d'y fatisfaire. 1°. Par
l'augmentation de fon revenu
annuel. 2°. Par la fuppreffion
des gages, taxations & appointemens des titulaires &
des Commis. 3°. Par l'épar-
gne des droits & privileges ;
tous objets fuffifans pour payer
les intérêts de leur Finance,

& même des-à-comptes, jufques à l'entier rembourfe-
ment.

Au nombre des charges qui
feroient à fupprimer, font les
offices des greniers à fel, des
élections, des Bureaux des Finances, des traités foraines &
toutes autres relatives au fiftême préfent de la Finance.

On a vu par l'expofition du
préfent projet, qu'il ne peut
plus y avoir d'exemptions ni
de privileges, depuis le premier citoyen jufqu'au dernier,
tous feront proportionnelle-
ment fujets aux droits du vingtiéme & de mouture ; tous
payeront le fel & le tabac le

même prix , & les droits d'entrée & de sortie du Royaume, ainsi que ceux d'entrée dans Paris se répandront également sur les uns & sur les autres.

Les Secrétaires du Roi du grand Collége, paroissent seuls conserver l'exemption des droits de Francfief dans la censive du Roi ; mais c'est à Sa Majesté à examiner si elle veut bien les leur conserver ; elle pourroit les en priver sans leur faire injustice , puisqu'ils retirent des gages qui équivalent à l'intérêt de leur argent ; au surplus , elle doit diminuer le nombre de ces offices dont les trois quarts au moins sont inutiles, ou ne servent qu'à multiplier à l'infini le nom de Noble & à le rendre moins estimable.

A l'égard des Secrétaires du Roi près les Parlemens de Provinces, on doit encore moins balancer à supprimer ceux d'entr'eux qui ne résident point, & à leur ôter le peu de privileges qu'on leur a laissé jusques à ce jour.

L'exécution du Projet anéantiroit aussi, comme on l'a annoncé toute cette foule de Fermiers, Traitans intéressés, Commis & employés, & leur anéantissement rendroit une aisance convenable à tous les états : l'équilibre nécessaire se rétabliroit : les richesses immenses qui sont entre les mains des hommes d'argent, rentreroient insensiblement dans le Commerce, dans les Manufactures & dans l'agriculture ; ce qui rendroit la circulation bien plus considérable, parce que les laboureurs, les vignerons & autres gens de campagne se trouvant plus à leur aise, & ne craignant point d'être surchargés, se retiroient selon leur état, & prendroient une nourriture convenable à leurs travaux ; les Manufactures travailleroient beaucoup plus, la con-

sommation des denrées seroit
bien plus grande , & la balance deviendroit égale : il est certain que ce n'est pas l'avantage d'une Monarchie d'y avoir
un nombre de millionnaires :
car cens millons dans les mains
de vingt Financiers , partagés
entre mille Négocians , à cent
mille livres chacun , font une
ressource infiniment plus grande pour la circulation de l'efpece , & pour les richesses réel-
les de l'Etat ? Ces mille Négocians feront dans leurs familles chacun une dépense de
cinq mille livres par année ; ce
qui fait cinq millions de dépense, & les vingt millionnai-

res ne dépenseront pas chacun plus de cinquante mille livres, ce qui ne fait qu'un million; les mille Négocians feront donc une dépense de quatre millions de plus que les vingt Financiers, & comme il y a au moins dans le Royaume quatre cens millionaires Financiers, la consommation & la circulation augmenteroit de plus de quatre-vingt millions chaque année, qui se repartiroient dans le Commerce, dans les Manufactures & dans l'Agriculture.

On ne peut douter que si le Roi avoit connoissance des vérités que l'on vient de tra-

cer çlui qui a donné des mar-
ques éclaçantes de sa bonté &
de sa magnanimité à ses ennemis même, qu'il ne fit pour
soulager ses propres Sujets, ré-
gorger ces sangsuës, ces per-
turbateurs de son regne glo-
rieux, des huit dixiémes au
moins de ce qu'ils possédent à
de si injustes titres ; pour être
employés à diminuer les impositions, à acquiter les dettes de l'Etat, à rembourser les
offices inutiles à l'œconomie
du Gouvernement ; consé-
quemment supprimer les gages, les exemptions, les privileges ; tous objets également
onéreux pour Sa Majesté &

par contre coup pour la Noblesse, le Commerce, les Arts liberaux, les Méchaniques & l'Agriculture qui en supportent tout le poids, & encore pour les Militaires dont le courage & la valeur ont moins de distinction & d'avantage que ces titulaires insolens, ces Gens d'affaires qui n'ont d'autre but que d'imaginer des impositions, de les augmenter au double par leurs exactions ; d'en jouir sans fatigues & sans risques dans le sein de la volupté.

Fin du premier Volume.